D. T. Suzuki

ZAZEN – Die Übung des Zen

DAISETZ TEITARO SUZUKI

ZAZEN

Die Übung des Zen

Grundlagen und Methoden
der Meditationspraxis
im Zen

OTTO WILHELM BARTH VERLAG

Essays in Zen Buddhism, First Series

3. Auflage 1993
Einzig berechtigte Übersetzung aus dem Englischen von Jochen Eggert.
Titel des Originals: «Essays in Zen Buddhism, First Series».

Schutzumschlag von Adolf Bachmann.

INHALT

Die Praxis der Erleuchtungslehre: Die Entwicklung des Zen-Buddhismus von Bodhidharma bis Hui-neng

Es ist hier nicht meine Absicht, eine gründliche wissenschaftliche Darstellung der Geschichte des Zen zu geben, denn das würde einiges Wissen über die Entwicklung des Buddhismus in China voraussetzen, und es dürfte dem Leser schwerfallen, sich anhand der in westlichen Sprachen vorliegenden Literatur ein solches Wissen zu verschaffen. Der Plan des vorliegenden Essays wird daher sein, den Leser mit der überlieferten Geschichte des Zen vertraut zu machen, so wie sie von seinen Anhängern in Japan und China erzählt wird. Eine kritische Betrachtung wird folgen, sobald wir die wichtigsten Voraussetzungen dafür geschaffen haben.

Der überlieferte Ursprung des Zen in Indien – vor seiner in der Zen-Literatur aufgezeichneten Übertragung nach China – ist so stark von legendären Elementen durchsetzt, daß von gesicherten Fakten hier kaum die Rede sein kann. Aber was sollten wir anderes erwarten von einer Zeit, die kritische Untersuchungen im modernen Sinne nicht kannte und in der schlichte, fraglose Gläubigkeit, insbesondere in religiösen Dingen, das Bild beherrschte? Vielleicht ist es jetzt zu spät, die Geheimnisse um den Ursprung des Zen in Indien zu lüften, außer eben durch Schlußfolgerungen von den bekannten Tatsachen her, also aufgrund der allgemeinen Entwicklungsgeschichte des Mahāyāna-Buddhismus in Indien.

Nun ist Zen ja, wie wir in einem früheren Essay bereits darstellten, das Produkt des chinesischen Geistes, die spezifisch chinesische Ausprägung der buddhistischen Erleuchtungslehre.* Wenn wir also die Geschichte des Zen erzählen wollen, könnte es in mancher Hinsicht klüger sein, gar nicht erst nach Indien zu gehen, sondern in China zu bleiben und die Psychologie, die Philosophie und die Lebensumstände dieses Volkes zu betrachten, den Rahmen also, in dem Zen als die *praktische* Interpretation der Erleuchtungslehre zu so erstaunlicher Blüte gelangte.

Dieses Verfahren könnte natürlich bei den Fachgelehrten Widerspruch finden. Wenn Zen, so werden sie argumentieren, eine Form des Buddhismus ist, ja sogar dessen Essenz, wie seine Anhänger behaupten, so kann man es nicht aus der allgemeinen Geschichte des Buddhismus in Indien herauslösen. Das ist gewiß richtig, doch andererseits dürfen wir nicht verkennen, daß es Zen – in der Form, in der wir es heute kennen – in Indien nicht gab. Wenn wir daher über China hinaus nach seinem Ursprung und seiner Entwicklung fragen wollen, bleibt uns nur der Weg, den ich bereits im ersten Band dieser Essaysammlung beschritten habe. Das heißt, wir müssen Zen als die chinesische Interpretation der Erleuchtungslehre auffassen, wie sie in der gesamten buddhistischen Literatur niedergelegt ist, am tiefgründigsten im Mahāyāna und mehr oder weniger vorläufig im Hīnayāna.

Im Laufe der Zeit trat diese Lehre unter den Anhängern des Buddha immer mehr in den Vordergrund und bestimmte zunehmend die weitere Entwicklung des buddhistischen Denkens – denn schließlich war es ja die Erleuchtung, das «Erwachen», gewesen, durch die Gautama zum Buddha (wörtl.: «der Erwachte») geworden war. Mußte es da nicht das Anliegen der Buddhisten sein, auf dem Weg zur endgültigen Befreiung in seine Fußstapfen zu treten? Die chinesischen Anhänger des Bodhismus**, des Erleuchtungsgedankens, waren jedoch nicht bereit, den Buddhismus einfach in seiner

* Siehe D. T. Suzuki: *Satori. Der Zen-Weg zur Befreiung*, O. W. Barth Verlag, 1987.

** Dieser Ausdruck soll hier ganz allgemein alle Schulen bezeichnen, welche die Erleuchtungslehre vertreten.

indischen Gestalt zu übernehmen. So ging Zen schließlich aus der praktischen Imagination der Chinesen hervor, und sie entwickelten es nach bestem Vermögen zu etwas ihren eigenen religiösen Bestrebungen Gemäßem.

Vergleichen wir dieses Zen mit der Erleuchtungslehre, wie sie sich im primitiven Buddhismus zu entfalten begann, so scheint eine breite, unüberwindliche Kluft zwischen ihnen zu klaffen. Das jedoch ist nicht anders zu erwarten, wenn wir die folgenden Umstände bedenken: Am Anfang zögerte der Buddha, das Geheimnis der Buddhaschaft gänzlich zu offenbaren, denn die Vollkommene Universale Erleuchtung erschien ihm als ein zu hohes Ideal für sterbliche Wesen. Er fürchtete, sie würden ihn wahrscheinlich gar nicht verstehen und seine Erfahrung unwissentlich und zu ihrem eigenen Schaden beschmutzen. Dachte er nicht sogar nach seiner Erleuchtung daran, sogleich ins Nirvāna einzugehen? Sein ganzes Leben scheint von diesem Gefühl beherrscht gewesen zu sein, das ihn stets zögern ließ, die ganze Tiefe der Erfahrung zu enthüllen. Das zumindest ist der Eindruck, den uns die Lektüre der Āgamas und Nikāyas vermittelt; welche Gründe die Autoren dieser frühen Schriften bewegt haben mögen, den Buddha so darzustellen, wissen wir nicht. Jedenfalls steht die Erleuchtungsidee in der Hīnayāna-Literatur noch nicht so deutlich im Vordergrund, daß sie gleich unsere Aufmerksamkeit fesselt. Aber wie ich schon sagte, wird der Erleuchtungsgedanke nur scheinbar verdeckt von anderen, weniger zentralen Ideen und läßt sich leicht ans Licht bringen, wenn man die in den kanonischen Schriften dargestellten Ereignisse um die Erleuchtung des Buddha aufmerksam nachvollzieht.

Die frühen Autoren betrachteten die Vier Edlen Wahrheiten oder die Zwölffache Kette des bedingten Entstehens oder den Edlen Achtfachen Pfad als die zentrale Lehre des Buddhismus, der sie die eher «psychologische» Theorie des Nicht-Selbst (*anātman*) zur Seite stellen. Wenn wir uns aber das Leben des Buddha vergegenwärtigen und nach der Essenz der Buddhaschaft fragen, werden wir kaum umhinkönnen, in seiner Erleuchtung die wichtigste und fruchtbarste Seite des Buddhismus zu sehen. Deswegen muß es dem Buddha letztlich wohl doch vor allem darum gegangen sein, den Menschen die Erleuchtungslehre zu vermitteln. Jedenfalls aber behielt diese zentrale Idee des Buddhismus auch in den Mahāyāna-Sūtras ihre spezifisch indische Gestalt, und erst als Bodhidharma sie nach China brachte und sie dort Wurzeln schlug und wuchs, nahm sie die Gestalt an, in der wir sie noch heute als die Zen-Schule des Buddhismus bezeichnen. Wir gehen also am besten davon aus, daß die eigentliche Geschichte des Zen erst in China beginnt. Die indische Erde war zu metaphysisch, zu sehr von schwärmerischer Bildhaftigkeit durchdrungen, als daß Zen in seiner reinen Form dort hätte gedeihen können.

Buddhaschaft oder Arhatschaft zu erlangen war zwar das höchste Ziel, doch hatte der Buddha dabei eine durchaus praktische und am konkreten Leben orientierte Ausrichtung, und so sprach er in seinen Lehrreden immer wieder von der Notwendigkeit eines von den Regeln der Moral geleiteten Lebens. Auch zeigte er keinerlei Neigung, intellektuelle oder metaphysische Interpretationen der Erleuchtung zu geben – sie kann nur erfahren, nicht aber erklärt werden. Nie versäumte er es, die Bedeutung der Selbstverwirklichung hervorzuheben, denn Nirvāna oder Erleuchtung ist nur durch eigenes persönliches Bemühen zu erlangen. Die Vier Edlen Wahrheiten, die Zwölffache Kette des bedingten Entstehens oder die Lehre vom Nicht-Selbst waren nur intellektuelle Leitlinien für die Verwirklichung des buddhistischen Lebens. Sie konnten nur dann einen praktischen Sinn haben, wenn sie letzten Endes zur Erleuchtung führten.

Der Buddha hätte gewiß nie gedacht, daß seine Nachfolger das Schwergewicht seiner Lehre schließlich in diesen intellektuellen Strukturen sehen würden, die nicht für sich selbst bestehen können, sondern nur, wenn sie vom richtigen Geist getragen sind. Der Achtfache Pfad bot ethische Leitlinien für den Weg zur Erleuchtung, und so hatte ihn der Buddha gemeint. Alle, die nicht tiefer blicken können als bis zur moralischen Ebene dieser Lehre, werden darin kaum mehr erkennen als eine Erziehung zu ethischem Verhalten. Sie halten den Buddhismus einfach für eine positive Philosophie und seine Anhänger, den Sangha, für eine Bruderschaft moralischer Asketen. Sie preisen den Buddha als den Stifter einer praktischen Religion, die frei ist von allem metaphysischen Aberglauben, von dem die Religionen nur zu häufig überwuchert werden.

Wir wissen jedoch, daß diese Anschauungen nicht ganz mit der Lehre des Buddha übereinstimmen, denn sie zeigen uns nur eine Seite dieser Lehre, nicht aber die Innenansicht. Würden diese Kritiker die Dhyāna-Praxis, die Praxis der meditativen Versenkung, mit zum Wesen des Buddhismus rechnen, so wären sie dem Ziel schon etwas näher, denn selbst wenn der Erleuchtungsgedanke dann noch nicht ganz im Mittelpunkt stünde, ist Dhyāna doch eine Form der spirituellen Übung, die den Weg zur Verwirklichung des Nirvāna ebnet. Dhyāna oder Meditation allein unterscheidet den Buddhismus allerdings noch nicht von anderen philosophisch-religiösen Systemen, wie es sie zu Lebzeiten des Buddha in Indien gab. Um Zen als Ausdruck der Erleuchtungslehre zu verstehen, die das Wesen des Buddhismus ausmacht, müssen wir den Aufstieg der Mahāyāna-Bewegung und ihre Übertragung nach China abwarten.

DER URSPRUNG DES ZEN

Die Legende vom Ursprung des Zen in Indien wird so erzählt:

> Der Weltverehrte [Buddha] war einst mit den versammelten Schülern auf dem Berg Gridhrakūta [Geierberg] und hielt für die Mönche eine Blume hoch.
> Zu der Zeit schwiegen alle, nur der ehrwürdige Kāshyapa brach in ein Lächeln aus.
> Der Weltverehrte sprach: «Ich habe den Augen-Schatz des Wahren Dharma, das wunderbare Nirvāna-Bewußtsein,

Wahre Form der Nicht-Form, das geheimnisvolle Tor des Dharma. Es kann nicht durch Worte und Buchstaben ausgedrückt werden und ist eine besondere Übermittlung jenseits (außerhalb) aller Lehren. Ich betraue Mahākāshyapa damit.»*

Orthodoxe Zen-Anhänger nehmen diese Begebenheit im allgemeinen als den Ursprung ihrer Lehre, denn hier, so sagen sie, offenbart sich der Geist des Buddha und das Geheimnis der Religion. Wenn Zen, wie es heißt, die Essenz des Buddhismus ist, die unmittelbar vom Buddha auf Mahākāshyapa, seinen größten Schüler, übertragen wurde, so ist es ganz natürlich, daß seine Anhänger einen bestimmten Anlaß ausfindig zu machen suchen, bei dem diese Übertragung stattfand.

Wir wissen nun zwar, daß Mahākāshyapa der Nachfolger des Buddha wurde, doch von dieser besonderen Übertragung des Zen besitzen wir keinerlei historische Zeugnisse. Erwähnt wird sie, soweit wir wissen, zum erstenmal in einer chinesischen Geschichte des Zen mit dem Titel *Aufzeichnung von der Verbreitung der Leuchte*, die 1029 von Li Tsun-hsü kompiliert wurde; in dem 1061 von Ch'i-sung kompilierten *Bericht von der orthodoxen Übermittlung des Dharma* wird die Episode nur als historisch nicht authentisch erwähnt. In der *Aufzeichnung über die Weitergabe der Leuchte, verfaßt in der Ching-te-Zeit* (*Ching-te ch'uan-teng-lu*, jap. *Keitoku Dentō-roku*, kurz *Dentō-roku*), die der chinesische Mönch Tao-yüan im Jahre 1004 kompilierte und die die älteste erhalten gebliebene Geschichte des Zen darstellt, erfahren wir von keiner bestimmten Begebenheit im Leben des Buddha, die sich als Übertragung des Zen deuten ließe. Da alle früheren Geschichten des Zen verlorengegangen sind, können wir heute nicht mehr rekonstruieren, welche Anschauung die ersten chinesischen Zen-Buddhisten von der Übermittlungslinie ihrer Tradition besaßen.

* Dieser Text bildet das 6. Beispiel des *Wu-men-kuan* (jap. *Mumonkan*), wörtl. «Die torlose Schranke», einer der beiden wichtigsten Kōan-Sammlungen der Zen-Literatur, kompiliert von Meister Wu-men Hui-k'ai (Mumon Ekai); veröffentlicht im Jahre 1229.

Die Diskussion darum setzte vermutlich im späten achten Jahrhundert ein, als die Zen-Lehre in China bereits Fuß gefaßt hatte.

In jenen Tagen muß es notwendig gewesen sein, solch eine Legende für die Autorisierung des Zen-Buddhismus zu ersinnen, denn je größer sein Einfluß wurde, desto mehr wuchs auch die Eifersucht anderer, bereits etablierter Schulen des Buddhismus; sie warfen den Zen-Anhängern vor, sie besäßen keinerlei glaubwürdiges Zeugnis für die Behauptung, ihre Lehre sei in direkter und ununterbrochener Linie vom Buddha auf sie überkommen. Solche Vorwürfe erhielten natürlich auch dadurch Nahrung, daß die Zen-Anhänger so wenig auf die orthodoxen Lehren der Sūtras und Shāstras gaben, sondern die Autorität des Zen auf die unmittelbare persönliche Erfahrung gründeten. Darauf beharrten sie stets – was allerdings nicht hieß, daß sie die Autorität des historischen Buddhismus einfach ignorierten. Und so suchten sie denn nach Zeugnissen für die Übertragung des Zen vom Buddha auf Mahākāshyapa und von diesem auf den nächsten Patriarchen bis hin zu Bodhidharma, dem achtundzwanzigsten indischen Patriarchen, der zum ersten Patriarchen des Zen in China wurde. So gelangten die Zen-Historiker zu einer Linie von achtundzwanzig indischen Patriarchen, während man in anderen Schulen nur dreiundzwanzig oder vierundzwanzig Patriarchen zählte.

Wenn man davon ausgeht, daß Zen wahr ist und sein Wert sich nicht verändert, spielt es natürlich keine große Rolle, ob es nun mit Bodhidharma in China entstand oder mit dem Buddha in Indien. Auch für den Historiker, der nach einem Ursprung jener Entwicklung forscht, die zum Zen-Buddhismus führte, genügt es, wenn er eine logische Verbindung herstellen kann zwischen der Erleuchtungslehre des indischen Mahāyāna-Buddhismus und ihrer praktischen, am täglichen Leben orientierten Interpretation durch die Chinesen; eine besondere Übermittlungslinie in Indien vor Bodhidharma ist hier nicht von großem Belang. Formuliert man das Zen jedoch zu einem unabhängigen System mit charakteristischen Zügen und historisch gesicherten Fakten, so wird man die Übermittlungslinie vollständig und lückenlos aufzeigen müssen (zumal es, wie wir noch sehen werden, im Zen von größter Bedeutung ist, daß die Echtheit einer vom Schüler gewonnenen Einsicht durch den Meister bestätigt wird). Wenn wir Zen als ein Gewächs der chinesischen Erde betrachten, hervorgegangen aus dem indischen Erleuchtungssamen – und dies ist meine Anschauung –, so brauchen wir uns nicht um die Rekonstruktion einer indischen Übermittlungslinie zu bemühen; es genügt hier, die Entwicklung in groben Zügen aufzuzeigen, wie ich es in den vorangegangenen Essays versucht habe.

Als die achtundzwanzig Patriarchen des Zen, die die orthodoxe Übermittlungslinie repräsentieren, werden genannt:

Shākyamuni

1. Mahākāshyapa
2. Ānanda
3. Shanavāsa
4. Upagupta
5. Dhritaka
6. Michchaka
7. Vasumitra
8. Buddhanandi
9. Buddhamitra
10. Bhikshu Parshva
11. Punyayashas
12. Ashvaghosha
13. Bhikshu Kapimala
14. Nāgārjuna
15. Kānadeva
16. Ārya Rāhulata
17. Samghanandi
18. Samghayashas
19. Kumārata
20. Jayata
21. Vasubandhu
22. Manura
23. Haklenayashas
24. Bhikshu Simha
25. Vāshasita
26. Punyamitra
27. Prajñātara
28. Bodhidharma

Zen-Historiker haben diese Linie sogar über Shākyamuni-Buddha hinaus zurückverfolgt, denn der Überlieferung nach gab es schon mindestens sechs Buddhas vor dem Muni (*muni* = Weiser, Asket, Heiliger) aus dem Hause der Shākyas, dem

Buddha des gegenwärtigen Weltzeitalters. Und jeder dieser Buddhas, so heißt es, hat eine «Gāthā der Dharma-Übermittlung» hinterlassen, die in der Geschichte des Zen bewahrt wird. Und wenn diese Buddhas der Vergangenheit ihre Gāthās hinterließen, weshalb dann nicht auch alle Patriarchen von Shākyamuni bis Bodhidharma? Daher wird ihnen allen eine Gāthā der Übermittlung zugeschrieben, deren jede mit den Worten beginnt: «Ich übergebe dir nun den Augenschatz der Großen Ordnung (*dharma*), den du hüten und dessen du stets eingedenk sein sollst.» Zweifellos sind diese Gāthās Erzeugnisse jener historischen Imagination, die die frühen Autoren der Zen-Geschichte in ihrem Feuereifer für ihre Sache beflügelte.

Der Autor der *Aufzeichnung von der rechten Übermittlung* nennt als Übersetzer dieser Patriarchenverse Chih-chiang-liang-lou, der zur Zeit der ersten Wei-Dynastie lebte, und Na-lien-ya-she aus der östlichen Wei-Dynastie; der erste stammte aus Mittelindien, der zweite aus Kabul. Ihr Buch, *Bericht von der Nachfolge im Dharma*, ging durch wiederholte Buddhistenverfolgungen verloren, aber die Geschichten von den Patriarchen wurden in mindestens noch zwei anderen Büchern zitiert, auf welche die *Aufzeichnung von der Weitergabe der Leuchte* (*Dentō-roku*) sich bezieht. Diese beiden Bücher gingen in der Zeit der Sung-Dynastie verloren, weshalb das *Dentō-roku* heute die älteste Geschichte des Zen ist, in der die achtundzwanzig Patriarchen und ihre Verse der Dharma-Übermittlung verzeichnet sind.

Hier zunächst zwei Beispiele für die Buddha-Gāthās, deren erste man dem ersten Buddha, Vipashyin, zuschreibt:

> Dieser Körper wurde aus dem Formlosen geboren;
> wie durch Zauber erscheinen alle Formen und Bilder:
> Scheinwesen mit Gemüt und Bewußtsein besitzen
>   keine Wirklichkeit von Anfang an;
> das Böse und das Glück sind beide leer, haben keinen
>   Ort, da sie sind.

Die Gāthā des sechsten Buddha, Kāshyapa, des unmittelbaren Vorgängers von Shākyamuni-Buddha, lautet:

Rein und unbefleckt ist die Natur aller Lebewesen;
von Anfang an ist da keine Geburt, kein Tod;
dieser Körper, dieser Geist – eine Trug-Schöpfung;
und in der Wandlung des bloß Scheinbaren ist
weder Sünde noch Verdienst.

Als der Buddha des gegenwärtigen Zeitalters seinen Schüler Mahākāshyapa als seinen Nachfolger einsetzte, sprach er dazu den folgenden Vers:

Der Dharma ist letztlich ein Dharma, der Nicht-Dharma ist;
ein Dharma, der Nicht-Dharma ist, ist auch ein Dharma.
Indem ich dir nun diesen Nicht-Dharma übergebe:
Was wir den Dharma nennen – wo ist eigentlich der Dharma?

Von Dhritaka, dem fünften indischen Patriarchen, hören wir:

Dringe ein in die letzte Wahrheit des Geistes,
und wir haben weder Dinge noch Nicht-Dinge.
Erleuchtet und nicht-erleuchtet – gleichviel;
da ist weder Geist noch Ding.

Und der zweiundzwanzigste Patriarch, Manura, legte seine Einsicht so dar:

Der Geist geht den Zehntausend Dingen nach;
indem er ihnen nachgeht, bleibt er heiter-gelassen.
Gewahre sein Wesen, während er sich hierhin, dahin bewegt,
und da ist weder Freude noch Kummer.

In diesen Gāthās finden wir die für Indien charakteristische Ausprägung der Mahāyāna-Lehren wieder. Aber wie ich schon sagte: Was die Lehre angeht, hat Zen im Grunde nichts

Eigenes zu bieten, denn es ist vor allem eine spirituelle *Erfahrung* und kein philosophisches oder dogmatisches System. Zen beginnt da, wo das Mahāyāna-Gedankengut aufhört, Spekulation zu sein, wo es in die Begegnung mit dem wirklichen Leben einmündet und zum direkten Ausdruck des inneren Lebens wird. Das jedoch geschah erst, als der Buddhismus nach China gelangte und dort von Menschen angenommen wurde, denen es aufgrund ihrer praktischen Veranlagung unmöglich war, die indische Tradition einfach zu übernehmen. Die Form, die das buddhistische Denken in den Patriarchenversen angenommen hatte, sagte dem chinesischen Bewußtsein wenig. Als diese Menschen mit den Gedanken vertraut geworden waren, suchten sie nach eigenen Ausdrucksmöglichkeiten, denn sie wollten die Einsichten auf ihre Weise leben und sie nicht als importiertes und ihnen letztlich wesensfremdes Gedankengut horten.

Als Bodhidharma seinen Schülern die volle Bestätigung erteilte, soll er dazu folgende Gāthā gedichtet haben:

> Der Grund meines Kommens in dieses Land war,
> den Dharma zu übermitteln, um die Verwirrten zu retten;
> eine Blüte mit fünf Blättern hat sich entfaltet,
> und die Zeit des Fruchttragens wird von selbst kommen.

Meinte er mit diesem «Fruchttragen» die spätere Hochblüte des Zen in China? Mit den fünf Blütenblättern, so nimmt man an, sind die fünf auf Bodhidharma folgenden chinesischen Patriarchen des Zen gemeint. Ob diese Gāthā wirklich von Bodhidharma selbst stammt oder von einem späteren Zen-Historiker verfaßt wurde, läßt sich heute nicht mehr feststellen. Historisch gesichert ist nur die Tatsache, daß Bodhidharmas Lehre etwa zweihundert Jahre nach der Zeit seines Wirkens in China heimisch wurde und die Form gefunden hatte, die den Eigenheiten des chinesischen Volkes am besten entsprach. In der Form, in der es uns heute begegnet, konnte Zen nirgendwo anders entstehen als in China. Indien war zu metaphysisch, zu sehr von seiner mystischen Bilderwelt durchdrungen; es war die Heimat solcher Schulen wie Yogāchāra, Avatamsaka und Mādhyamaka. Zen bedurfte dagegen eines Geistes, der das taoistische Denken tief in sich aufgenommen hatte und doch sehr nah an den Realitäten des täglichen Lebens blieb. Eigenständigkeit und Begeisterungsfähigkeit sowie gleichzeitig ein Sinn fürs Praktische und eine ausgeglichene Persönlichkeit – das waren die Voraussetzungen für die Entwicklung des Zen zu seiner jetzigen Gestalt.

Wir wollen hier einmal an zwei Beispielen aufzeigen, worin sich die indische Methode, die Wahrheit des Zen zu demonstrieren, von der chinesischen unterscheidet. Wie ich schon mehrfach betonte, ist der Buddhismus in jeder seiner Formen eine Religion der Befreiung: Er will den Geist aus seinen Banden befreien, damit er gemäß den ihm selbst innewohnenden Prinzipien wirken kann. Das ist mit dem Ausdruck «Nicht-Anhaften» (*apratishthita*) gemeint. Diese Idee ist insofern «negativ», als es hier darum geht, die Verirrungen des Intellekts und der Leidenschaften aufzuheben, doch letztlich geht es dabei um etwas Positives, denn das Ziel ist nur zu erreichen, wenn der Geist seine ursprüngliche Verfassung zurückgewinnt. Der Geist kennt seinen Weg; wir haben nichts weiter zu tun, als die Hindernisse zu beseitigen, die unsere Verblendung ihm in den Weg stellt. «Wirf sie fort», ist daher der wiederkehrende Grundton buddhistischer Lehre.

Hier das Beispiel für die indische Art, uns diesen Gedanken nahezubringen: Ein Brahmane namens Schwarznägel kam zum Buddha und bot ihm zwei große, blühende Bäume dar, die er dank seiner übernatürlichen Kräfte in den Händen trug. Der Buddha rief ihn an, und als er antwortete, sagte der Buddha: «Wirf sie hin!» Der Brahmane setzte den blühenden Baum in seiner Linken vor dem Buddha ab. Wieder rief dieser, sie fortzuwerfen, und Schwarznägel ließ den Baum in seiner rechten Hand fallen. Abermals wiederholte der Buddha seinen Befehl, und nun fragte der Brahmane: «Ich habe nichts mehr, was ich loslassen kann. Was ist es, das du von mir verlangst?» – «Ich sagte nichts vom Preisgeben deiner blühenden Pflanzen», erwiderte der Buddha. «Ich möchte aber, daß du deine sechs Sinnesobjekte, deine sechs Sinnesorgane und deine sechs Arten von Bewußtsein preisgibst. Gibst du diese alle zugleich preis und bleibt dann nichts mehr preiszugeben, so bist du befreit aus der Fessel von Geburt und Tod.»

Vergleichen wir diese zwar klare, aber doch etwas umschweifige Darlegung des Buddha nun mit dem Verhalten des großen Zen-Meisters Chao-chou (Jōshū), der in dieser Sache einen ganz direkten, endgültigen und unzweideutigen Bescheid erteilt.

Der ehrwürdige Gonyō fragte Jōshū: «Wie, wenn man nicht einmal *ein* Ding hat?»

Jōshū sagte: «Wirf es weg!»

Gonyō sagte: «Da ich nicht ein Ding habe, was soll ich da wegwerfen?»

Jōshū sagte: «Wenn's so ist, halt es eben fest.»*

Die Frage der Befreiung oder Erleuchtung ist sehr eng verknüpft mit der Frage, wer oder was der Buddha ist. Ist diese Frage beantwortet, so hat der Buddhismus seinen Zweck erfüllt. Was dachten die indischen Philosophen vom Buddha? Von einer Frau wird erzählt, die zur selben Zeit lebte wie der Buddha. Sie lebte im Ostteil der Stadt, und sie empfand dem Buddha gegenüber ein tiefes Grauen und war stets bemüht, ihm aus dem Weg zu gehen. Sooft sie ihn des Weges kommen sah, lief sie fort. Doch wohin sie sich auch wandte, nach Osten oder Westen, begegnete sie ihm. Da verbarg sie ihr Gesicht in den Händen, doch ach! – sie sah ihn zwischen ihren Fingern. Eine wunderbar sprechende Geschichte!

Welche Antwort gibt Zen auf die Frage nach dem Buddha?

Ein Mönch fragte den Landesmeister Chū von Nanyō: «Was ist der Essentielle-Leib von Birushana [Vairochana]?»

* Dieser Text stellt das 57. Beispiel einer Kōan-Sammlung aus dem 12. Jahrhundert dar, die den Titel *Ts'ung-jung-lu* trägt (jap. *Shōyō-roku*) – «Buch des Gleichmuts».

Der Landesmeister sagte: «Bring mir den Wasserkrug.»
Der Mönch holte den Wasserkrug.
Der Landesmeister sagte: «Bring ihn zurück, dorthin, wo er war.»
Der Mönch fragte: «Was ist der Essentielle-Leib von Birushana?»
Der Landesmeister sagte: «Der alte Buddha ist schon vor langer Zeit dahingegangen.»*

BODHIDHARMA, DER ERSTE PATRIARCH DES ZEN IN CHINA

Die Geschichte des Zen beginnt mit dem «Kommen Bodhidharmas aus dem Westen» (so eine häufig wiederkehrende Formulierung) im Jahre 520. Er kam mit einer Botschaft nach China, die in der folgenden viergliedrigen Aussage zusammengefaßt wurde:

> Eine besondere Überlieferung außerhalb der
> orthodoxen Lehre,
> Unabhängigkeit von heiligen Schriften
> und das unmittelbare Deuten auf des Menschen Herz
> führen zur Schau des eigenen Wesens und zur
> Buddha-Werdung.

Diese vier Aussagen, die das Zen von anderen buddhistischen Schulen abheben, wie sie in China zu jener Zeit bereits existierten, stammen möglicherweise nicht von Bodhidharma selbst, sondern wurden später formuliert. Wir besitzen keine verläßliche Information über die tatsächliche Autorschaft, aber Tsung-chien, der im Jahre 1257 aus der Sicht der T'ien-t'ai-Schule eine Geschichte des Buddhismus kompilierte (*Die rechtmäßige Übertragung der Shākya-Lehre*), nennt den Zen-Meister Nan-ch'üan P'u-yüan (Nansen Fugan). Vermutlich

* *Shōyō-roku* 42.

entstand die Formel in den Tagen, als die großen Meister Ma-tsu (Baso), Pai-chang (Hyakujō), Huang-po (Ōbaku), Shih-t'ou (Sekitō) und Yüeh-shan (Yakusan) «westlich des Flusses» und «südlich des Sees» wirkten. Es war jedoch Bodhidharma gewesen, der den chinesischen Buddhisten den Geist dieser Aussagen eingehaucht hatte. Jene widmeten sich damals entweder dem Philosophieren oder der Übung der Kontemplation und ahnten wenig von der direkten Methode des Zen, die darin besteht, unmittelbar in die Wahrheit der Erleuchtung zu schauen und Buddhaschaft zu erlangen, ohne all die von den Gelehrten beschriebenen Stadien der Vorbereitung zu durchlaufen.

Unser Wissen über das Leben Bodhidharmas stammt aus zwei Quellen. Die frühesten Hinweise auf seine Person finden wir in einem Werk mit dem Titel *Biographien Hervorragender Mönche*, das von Tao-hsüan zur Zeit der frühen T'ang-Dynastie, im Jahre 645, kompiliert wurde. Tao-hsüan war auch der Gründer der sogenannten Schule der Disziplin (Lü-tsung) und ein großer Gelehrter, doch er lebte vor der eigentlichen Blütezeit des Zen, die mit Hui-neng, dem sechsten chinesischen Patriarchen, begann (Hui-neng war sieben Jahre alt, als Tao-hsüan sein biographisches Werk verfaßte). Die andere Quelle ist die bereits erwähnte *Aufzeichnung über die Weitergabe der Leuchte* (*Dentō-roku*), von Tao-yüan zur Zeit der frühen Sung-Dynastie (1004) kompiliert. Er war im Unterschied zu Tao-hsüan ein Zen-Mönch, lebte zu einer Zeit, in der Zen als eine besondere Schule des Buddhismus weithin Anerkennung gefunden hatte, und sein Buch enthält die Aussprüche und Taten der Meister dieser Schule. Er verweist häufig auf frühere Werke zur Geschichte des Zen, doch diese Werke gingen verloren, und wir kennen von ihnen nur noch die Titel.

Es ist kein Wunder, daß diese beiden Berichte über das Leben Bodhidharmas in zahlreichen Punkten voneinander abweichen. Der erste entstand zu einer Zeit, als Zen sich noch nicht als eigenständige Schule etabliert hatte, der zweite stammt aus der Hand eines Zen-Meisters. Im ersten wird

Bodhidharma als einer unter vielen anderen herausragenden Vertretern des Buddhismus genannt, die sich als Übersetzer, Kommentatoren, Gelehrte, Vinaya-Anhänger, Meditationsmeister oder durch wunderbare Fähigkeiten hervortaten, und hier nimmt er keineswegs jene Sonderstellung ein, die ihm später als Begründer der Zen-Schule zufiel; er wird lediglich als einer jener «Meditationsmeister» genannt, deren Auffassung von Dhyāna sich nicht von der traditionellen Anschauung im Hīnayāna unterschied.

Tao-hsüan erfaßte Bodhidharmas Botschaft nicht in ihrer ganzen Tiefe, obgleich mehr in ihr zu lesen war als in den damals üblichen Abhandlungen über die «Praxis der Meditation». Manche Kritiker sagen deshalb, in Tao-hsüans Darstellung sei wenig Zen zu finden, jedenfalls nicht genug, um Bodhidharma jene hervorragende Stellung einzuräumen, die er später im Zen einnahm. Damit jedoch wird man weder dem Zen noch Tao-hsüan gerecht, der natürlich kein Prophet war und keine Geschichte des Zen schreiben konnte, bevor es sich als eigenständige Schule gefestigt hatte. Über Bodhidharmas Leben vor seiner Reise nach China enthält Tao-hsüans biographisches Werk manches, was wir bezweifeln müssen, aber wir haben Grund anzunehmen, daß die von ihm aufgezeichneten Taten Bodhidharmas nach seiner Ankunft in China geschichtliche Tatsachen sind, und hier müssen wir ihn ergänzend zu Tao-yüans Aussagen heranziehen.

Nach Tao-hsüans Worten hinterließ Bodhidharma viele Schriften und Aussprüche, und es scheint, daß sie zu Lebzeiten des Autors der *Biographien* noch im Umlauf waren. Die einzige authentische Schrift Bodhidharmas, die wir heute noch besitzen, ist sowohl in Tao-hsüans *Biographien* als auch in Tao-yüans *Aufzeichnung* enthalten. Es gibt noch weitere Schriften, die dem Begründer des Zen zugeschrieben werden*, doch die meisten – obgleich sie vom Zen-Geist durch-

* *Shōshitsu Rokumonshū*, «Sammlung der sechs Tore des Shōshitsu»; vgl. den ersten Band der «Essays» (*Satori*) S. 163 ff.

drungen sind – dürften unecht sein. Nur eine davon halte ich für authentisch; ihr Titel lautet «Über die Befriedung der Seele». Die andere, eben erwähnte Schrift ist allgemein unter dem Titel «Meditation über die Vier Handlungen» bekannt. Obwohl ich glaube, daß die «Meditation über die Vier Handlungen» nicht gerade die beste Probe von Bodhidharmas Schaffen ist, kein Werk also, das geradewegs auf die Essenz des Zen zusteuert, möchte ich hier doch eine Übersetzung anfügen, da es sich um das Werk handelt, bei dem die Autorschaft des ersten chinesischen Patriarchen am ehesten als gesichert gelten darf.

Es gibt, wie ich schon sagte, zwei Fassungen dieser Schrift, die eine in Tao-hsüans *Biographien*, die andere in Tao-yüans *Aufzeichnung von der Weitergabe der Leuchte*, und diese Fassungen stimmen in einigen Punkten nicht überein, wenn auch der Tenor in beiden derselbe ist. Die Frage lautet nun: Welches ist die originalgetreuere Version? Die *Biographien* entstanden früher als das *Dentō-roku*, doch letzteres beruft sich auf ältere Werke. Wir können heute nicht mehr beurteilen, wie verläßlich diese Dokumente sind, und zum anderen ist auch die Autorität der *Biographien* nicht absolut. Wir können die beiden Fassungen also nur für sich betrachten, um sie dann zu vergleichen und zu sehen, welches Licht der Vergleich auf sie wirft. Ich bin zu dem Resultat gelangt, daß Tao-hsüan für seine Biographie von der Fassung ausging, die in Tao-yüans Werk aufgezeichnet ist, denn diese letztere scheint mir originalgetreuer zu sein. Der Grund für diese Annahme liegt darin, daß Tao-hsüan Bodhidharmas Schrift offenbar für seine Zwecke bearbeitete, denn sie ist stilistisch besser – das heißt bündiger, pointierter, geschliffener – als Tao-yüans Fassung, die ich deshalb für die ursprünglichere halte. Tao-yüan hatte gute Gründe, das Original so wiederzugeben, wie es ihm vorlag, und so orientiert die folgende Übersetzung sich an seiner Fassung:

[Bodhidharma,] der Dharma-Lehrer, war der dritte Sohn eines großen Brahmanenkönigs in Südindien, Herrscher der Westlichen Länder. Sein Geist war von wunderbarer Kraft, klar und weitsichtig; was immer er lernte, erfaßte er bis zum Grund. Da es sein Bestreben war, die Lehre des Mahāyāna zu meistern, legte er das weiße Laiengewand ab und kleidete sich in das schwarze Mönchsgewand, darauf bedacht, die Saat der Heiligkeit zu pflegen. Er übte sich in der Kontemplation und im Stillwerden, wußte wohl, was die wahre Bedeutung weltlicher Dinge war. Innen wie außen war er durchsichtig; seine Tugend war der Welt mehr als ein Vorbild. Zutiefst grämte er sich über den Niedergang der rechten Lehre des Buddha in den entlegeneren Weltgegenden. Schließlich entschloß er sich, über Land und Meer nach China zu reisen und seine Lehre im Königreich Wei zu verbreiten. Die zum geistigen Leben neigten, scharten sich in großer Verehrung um ihn, während andere, die sich nicht über ihre einseitigen Ansichten erheben konnten, ihn verleumdeten.

Zu jener Zeit waren da nur zwei Mönche, Tao-yih und Hui-k'o, beide noch jung, doch von einem starken Drang nach höheren Dingen beseelt. Wohl sehend, daß es die große Gelegenheit ihres Lebens war, einen solchen Lehrer des Dharma in ihrem Land zu haben, unterzogen sie sich etliche Jahre der Schulung unter ihm. Ehrfürchtig folgten sie ihm, stellten Fragen, über die sie Aufklärung suchten, befolgten alle seine Anweisungen. Ihre Ernsthaftigkeit bewegte den Lehrer des Dharma, und so schulte er sie im wahren Weg und sagte ihnen: «Dies ist der Weg zum Frieden des Geistes», und «Dies ist die Art, sich in der Welt zu verhalten», und «Dies ist der Weg, in Einklang mit der Welt zu leben», und «Dies ist das Mittel (*upāya*)». Da dies der Mahāyāna-Weg ist, den Geist still zu halten, muß man auf der Hut sein vor seiner falschen Anwendung. Mit dieser Befriedung des Geistes ist *Pi-kuan** gemeint; mit diesem Verhalten die Vier Handlungen; mit diesem Einklang mit den Dingen die Enthaltung von übler Nachrede und Schlechtigkeit; mit diesem Mittel das Nicht-Anhaften.

So schildere ich ** in aller Kürze den Zusammenhang, in dem das folgende steht.

Es gibt viele Möglichkeiten, auf den Weg zu gelangen, doch vereinfachend gesagt, sind sie nur von zweierlei Art. Die eine ist «Eintritt durch Vernunft», die andere «Eintritt durch Lebensführung». Mit «Eintritt durch Vernunft» meinen wir die Verwirklichung des Geistes des Buddhismus mit Hilfe der Schriften. Wir gelangen so zum tiefen Glauben an das Wahre Wesen, das in allen Lebewesen ein und dasselbe ist. Daß es sich nicht zeigt, liegt an der Überlagerung durch äußere Dinge und falsches Denken. Wenn einer das Falsche ablegt und das Wahre annimmt und in Schlichtheit des Denkens in Pi-kuan verweilt, so wird er finden, daß da weder ein Ich noch ein anderes ist, daß niederes Volk und große Persönlichkeiten von *einem* Wesen sind, und er wird an diesem Glauben festhalten und sich nie von ihm entfernen. Er wird dann nicht mehr von niedergeschriebenen Unterweisungen geleitet sein, denn nun steht er in stillem Austausch mit dem Prinzip selbst, frei von

* Dies ist der bedeutsamste Ausdruck in Bodhidharmas Schrift. Ich habe ihn hier unübersetzt gelassen, da er weiter unten eingehend erläutert wird.

** Der Autor dieser Vorbemerkung ist T'an-lin (Donrin), der (nach den Worten von Dr. Tokiwa, Tokyo Imperial University) ein Gelehrter war, der bei der Übersetzung mehrerer Sanskritwerke mitwirkte. Er wird auch in Verbindung mit Hui-k'o (Eka) genannt, und zwar in dessen von Tao-hsüan verfaßter Biographie. Wenn T'an-lin – wie es den Anschein hat – mehr Gelehrter als echter Zen-Meister war, so braucht es uns nicht zu wundern, daß er die «Meditation über die Vier Handlungen» in dieser Form niederschrieb, die mehr mit gelehrter Interpretation als mit Zen selbst zu tun zu haben scheint. Gewiß, die *Pi-kuan*-Lehre ist eindeutig Zen, doch daneben finden wir manches, was sich eher dem Philosophieren über Zen leiht.

begrifflicher Unterscheidung, gelassen und nicht-handelnd. Dies nennt man «Eintritt durch Vernunft».

Mit «Eintritt durch Lebensführung» sind die Vier Handlungen gemeint, in denen alles Handeln einbegriffen ist. Was sind die vier? Sie sind: «Wie man dem Haß begegnet», «Sich dem Karma beugen», «Nach nichts trachten» und «In Übereinstimmung mit dem Dharma sein».

«Wie man dem Haß begegnet» – was ist damit gemeint? Die sich im Beschreiten des Weges üben, sollen, wenn sie mit widrigen Umständen zu kämpfen haben, solchermaßen denken: In zahllosen vergangenen Zeitaltern bin ich durch viele Existenzen gewandert, habe mich stets auf Kosten des Wesentlichen in die unbedeutenden Dinge des Lebens verloren und dadurch endlos Gelegenheit zu Haß, Böswilligkeit und Missetat gegeben. Wenn auch dieses Leben frei von Verfehlungen ist, muß ich nun doch die Früchte schlechter Taten der Vergangenheit ernten. Weder die Götter noch die Menschen können voraussagen, was über mich kommen wird. Ich werde bereitwillig und geduldig jedes Übel auf mich nehmen und niemals seufzen oder klagen. Im Sūtra heißt es: Bekümmere dich nicht um das Übel, das dir widerfährt. Weshalb? Weil man dann in der Lage ist, [die ganze Kette der Verursachung] zu überblicken. Wenn dieser Gedanke sich einstellt, ist man in Übereinstimmung mit dem Prinzip, denn so macht man das Beste aus dem Haß und macht ihn sich für das Fortschreiten zum Weg zunutze. Dies nennt man: «Wie man dem Haß begegnet».

«Sich dem Karma beugen», das bedeutet: Es gibt kein Selbst (*ātman*) in allen Wesen, die vom Wechselspiel karmischer Bedingungen erzeugt werden. Schmerz und Lust sind auch das Ergebnis unseres früheren Handelns. Werde ich mit Reichtum, Ehre und dergleichen belohnt, so geht das auf meine früheren Taten zurück, die als Ursachen mein jetziges Leben beeinflussen. Wenn die Kraft des Karma erschöpft ist, werden die Früchte, die ich jetzt genieße, verschwinden; wozu also froh sein über sie? Gewinn oder Verlust, laßt uns das Karma annehmen, das uns das eine oder das andere bringt; der Geist selbst kennt weder Zu- noch Abnahme. Der Wind der Freude bewegt ihn nicht, denn er ist in stillem Einklang mit dem Weg. Daher nennt man dies: «Sich dem Karma beugen».

«Nach nichts trachten», das bedeutet: Menschen der Welt, ewig in Verwirrung, heften sich überall an dies oder jenes Ding – das nennt man Trachten. Die Weisen jedoch begreifen die Wahrheit und sind nicht wie die Gemeinen. Ihr Geist verweilt gelassen im Ungeschaffenen, während der Körper in Übereinstimmung mit dem Gesetz der Verursachung handelt und wandelt. Alle Dinge sind leer, und da ist nichts Begehrens- und Erstrebenswertes. Auf Licht folgt Dunkelheit. Diese dreifache Welt, wo auch immer man zu lange verweilt, ist wie ein brennendes Haus; was einen Körper hat, leidet, und wer mag je erfahren, was Ruhe ist? Weil die Weisen gründlich vertraut sind mit dieser Wahrheit, heften sie sich nie an etwas Werdendes, ihre Gedanken werden zur Ruhe gebracht, sie trachten nicht. Im Sūtra heißt es: Wo auch immer ein Trachten ist, da findest du Leiden; wenn das Trachten aufhört, bist du im Heil. Daher wissen wir: Nicht zu trachten ist fürwahr der Weg zur Wahrheit. Und daher sage ich euch: «Trachtet nach nichts.»

«In Übereinstimmung mit dem Dharma sein», das bedeutet: Der Geist ist in seinem Wesen, das wir «Dharma» nennen, rein; da er über allen Befleckungen und Verhaftungen steht und es kein Ich und kein anderes in ihm gibt, ist er das Prinzip der Leere in allen Phänomenen. Im Sūtra heißt es: Im Dharma sind keine Lebewesen, denn er ist frei von den Verunreinigungen des Seins; im Dharma ist kein Selbst, denn er ist frei von der Verunreinigung der Ichheit. Wenn der Weise diese Wahrheit begreift und glaubt, wird seine Lebensführung «in Übereinstimmung mit dem Dharma» sein.

> Da der Dharma keine Besitzgier kennt, sind die Weisen stets bereit, Freigebigkeit zu üben mit Leib, Leben und Besitz, und sie mißgönnen nie, kennen kein Übelwollen. Da sie im vollen Begreifen der dreifachen Natur der Leere leben, sind sie über Voreingenommenheit und Verhaftung erhaben. Nur weil sie alle Lebewesen von ihren Befleckungen zu reinigen wünschen, mischen sie sich unter sie als ihresgleichen, doch haften sie nicht an der Form. Dies nennt man den inneren Aspekt ihres Lebens. Sie wissen auch, wie man für andere wirkt und den Pfad der Erleuchtung verherrlicht. Wie mit der Tugend der Freigebigkeit, so ist es auch mit den anderen fünf Tugenden. Die Weisen üben die Sechs Tugenden der Vollkommenheit und werden so frei von allem verwirrten Denken, doch handeln sie nicht absichtsvoll. Dies nennt man: «In Übereinstimmung mit dem Dharma sein.»

Die Lehre von den zwei Arten des Eintritts oder Zugangs stammt offensichtlich aus dem *Vajrasamādhi-Sūtra**; die Lehre der Vier Handlungen ist abgeleitet von der zweiten Art des Zugangs, wie sie im Sūtra beschrieben wird. Ein Vergleich mit einer Passage aus dem Sūtra wird dies verdeutlichen:

> Der Buddha sagte: Die beiden Zugänge sind «Eintritt durch Vernunft» und «Eintritt durch Lebensführung». «Eintritt durch Vernunft» meint den tiefen Glauben, daß alle Lebewesen im Grunde eins sind mit dem Wahren Wesen, das weder Einheit noch Vielheit ist; es wird nur verdunkelt durch äußere Objekte. Das Wahre Wesen selbst vergeht weder, noch kommt es. Wenn ein Mensch in Schlichtheit des Denkens in *chüeh-kuan* verweilt, wird er Einblick in das Buddha-Wesen gewinnen, von dem wir nicht sagen können, ob es existiert oder nicht existiert, und

* Es wurde in der Zeit der Nördlichen Liang-Dynastie (397–439) ins Chinesische übertragen. Der Name des Übersetzers ist unbekannt.

worin es weder ein Selbst noch ein anderes gibt. Er wird auch finden, daß das Wesen überall dasselbe ist, im niederen Volk wie in den großen Persönlichkeiten. So hält er sich unerschütterlich an das Diamant-Herz und entfernt sich nie von ihm. Er ist gelassen und absichtslos und frei von begrifflicher Unterscheidung. Dies nennt man «Eintritt durch Vernunft».

«Eintritt durch Lebensführung», das heißt, nicht unstet, aber auch nicht träge zu sein im Geiste und sich in seinen Schatten nicht hierhin und dahin zu wenden wie ein Bach. Wo du auch bist, laß dein Denken gelassen sein und trachte nach nichts. Laß es wie von der großen Erde erfüllt sein, die selbst im tobenden Sturm unbewegt bleibt. Gib alle selbstsüchtigen Gedanken in deinem Herzen auf und rette die Lebewesen, laß sie ans andere Ufer gelangen. Da sind keine Geburten und Zeichen, da ist kein Anhaften und Loslassen; im Geist eines Bodhisattva gibt es kein Hinausgehen, kein Hereinkommen. Wenn dieser Geist, der weder hinausgeht noch hereinkommt, in das eintritt, wohinein es kein Eintreten gibt, so nennt man das Eintreten. Auf diese Weise tritt ein Bodhisattva in den Dharma ein. Der Dharma ist nicht leer in der Form, und der Dharma der Nicht-Leerheit ist nicht als Nicht-Wesenheit abzutun. Weshalb? Der Dharma, der nicht Nicht-Wesenheit ist, ist erfüllt von guten Kräften. Er ist weder Geist noch Schatten, er ist rein in seiner Soheit.

Beim Vergleich der beiden Texte wird dem Leser aufgefallen sein, daß Bodhidharma *chüeh-kuan* durch *pi-kuan* ersetzte. *Pi* bedeutet für gewöhnlich «Wand» oder «Abgrund», häufig in Verbindung mit *li*, «stehen», wie etwa in dem Ausdruck *pi li wan jen*, um eine unbesteigbare Wand zu beschreiben; im übertragenen Sinne kann es auch beispielsweise eine aufrechte Haltung bezeichnen. Weshalb tauschte Bodhidharma das *chüeh*, «erwachen» oder «erleuchtet werden», gegen ein Wort aus, das anscheinend keine organische Beziehung zu dem folgenden *kuan*, «wahrnehmen» oder «kontemplativ betrachten», hat? Diese neue Kombination ist sehr bedeutsam, denn sie verändert auch den Kontext, in dem sie auftritt.

Tao-hsüan, der Autor der *Biographien*, bezeichnet das *tai-ch'eng pi-kuan* (etwa: «mahāyānistisches Wand-Betrachten») als Bodhidharmas wichtigste Neuerung in China. Wir finden häufig den Beinamen Pi-kuan-Brahmane für Bodhidharma – also «wandbetrachtender Brahmane» –, und in Japan folgen die Mönche der Sōtō-Schule des Zen noch heute seinem Beispiel und üben Zazen zur Wand gewandt. Das allerdings ist wohl eine oberflächliche Interpretation des Ausdrucks «Pi-kuan», denn wie hätte bloßes Wand-Betrachten soviel Bewegung in die buddhistische Welt bringen sollen, wie es nach Tao-hsüans Biographie des ersten Patriarchen der Fall gewesen zu sein scheint?* Wie konnte solch eine harmlose Übung bei den Gelehrten jener Zeit soviel feindseligen Widerspruch finden? Meines Erachtens hat Pi-kuan eine weit tiefere Bedeutung, und wir müssen uns hier am *Dentō-roku* orientieren, in dem Tao-yüan aus einer älteren Schrift mit dem Titel *Pieh-chi* zitiert:

> Der Meister blieb neun Jahre lang im Kloster Shao-lin (jap. Shōrin-ji), und als er den Zweiten Patriarchen unterwies, geschah es nur auf folgende Weise: «Äußerlich halte dich fern von allen Beziehungen, innerlich habe kein Lechzen (oder Gieren, *ch'uan*) in deinem Herzen;** wenn dein Geist

* Wir lesen bei Tao-hsüan, daß Bodhidharma, wo immer er sich aufhielt, die Menschen in der Zen-Lehre unterwies. Es war jedoch eine Zeit, in der scholastische Erörterungen vorherrschten, und so traf seine Botschaft allenthalben auf Widerspruch und auf abfällige Äußerungen über Meditation.

** Möglicherweise hat diese Passage Bezug zum *Vajrasamādhi-Sūtra*, wo der Bodhisattva Mahābala von einem «kraftlosen» und einem «starken» Geist spricht. Der kraftlose Geist, der unter gewöhnlichen Menschen die Regel ist, lechzt oder giert und hält die Menschen davon ab, das Tathāgata-Dhyāna zu erlangen; den starken Geist findet man bei denen, die in den Bereich der Wirklichkeit (*bhūtakoti*) eintreten kön-

einer lotrechten Wand gleicht, magst du den Pfad betreten.»
Hui-k'o gab sich immer wieder Mühe, die Essenz des Geistes zu erklären, doch gelang es ihm nicht, die Wahrheit selbst zu erfassen. Der Meister sagte einfach: «Nein! Nein!», machte aber keinerlei Anstalten, seinem Schüler zu erklären, was die Essenz des Geistes in seinem gedankenleeren Zustand sei.
Eines Tages wandte Hui-k'o sich an den Patriarchen und sagte: «Ich habe schon aufgehört, irgend etwas mit äußeren Umständen zu tun zu haben.»
Der Patriarch sagte: «Ist nicht alles ausgelöscht worden?»
Der Meister [Hui-k'o] sagte: «Es ist nicht ausgelöscht worden.»
Der Patriarch sagte: «Was für einen Beweis gibt es dafür?»
Der Meister sagte: «Weil ich mir immer dessen bewußt bin, so kann kein Wort es erreichen.»
Der Patriarch sagte: «Das eben ist der Geist-Leib, den alle Buddhas erkannten. Zweifle nicht daran.»

Diese Passage faßt die besondere Botschaft Bodhidharmas zusammen, und hier finden wir auch eine Antwort darauf, was Pi-kuan bedeutet. Der Ausdruck muß damals neu gewesen sein, und die Originalität von Bodhidharmas Anschauungen lag in der Tat im schöpferischen Sinn dieses einen Wortes «Pi». Es war so konkret, so bildhaft, und es hatte nichts Abstraktes oder Begriffliches an sich. Daher auch Tao-hsüans Ausdruck *tai-cheng pi-kuan* als besonderer Hinweis auf Bodhidharmas Lehre. In der Lehre von den «Zwei Arten des Eintritts und den Vier Handlungen» lag nichts, was speziell dem Zen zuzurechnen wäre, aber die Pi-kuan-Lehre, die «Wand-Betrachtung», machte Bodhidharma zum ersten Patriarchen des Zen in China.

nen. Solange es ein Lechzen gibt, ist der Geist nicht frei und kann sich nicht mit der Soheit des Wirklichen identifizieren. Der Geist muß stark, fest und gesammelt sein, um das Tathāgata-Dhyāna verwirklichen zu können – ein Dhyāna, das über die sogenannten vier Dhyānas und acht Samādhis weit hinausgeht.

Der Autor der Schrift *Rechtmäßige Übertragung der Shākya-Lehre* interpretiert Pi-kuan als den Geisteszustand, wo «kein Staub von außen eindringen kann». Das mag sein, doch erfahren wir nicht, wo er die Grundlage für dieses Verständnis findet. Dachte er an die Bemerkung Bodhidharmas zu Hui-k'o, die in der Schrift mit dem Titel *Pieh-chi* aufgezeichnet war? Doch wie dem auch sei, den tieferen Sinn der «Wand-Betrachtung» müssen wir wohl in der subjektiven Verfassung des Betrachtenden suchen, nämlich in der vollkommenen Sammlung des Geistes und der daraus folgenden Leerheit von allen Gedanken und Begriffen. Es wäre absurd, Pi-kuan einfach als bloßes Anstarren einer Wand zu verstehen. Sollte die besondere Botschaft Bodhidharmas, die ihn zum Begründer des Zen in China machte, überhaupt in seinen erhalten gebliebenen Schriften zu finden sein, so kann es nur dieses «mahāyānistische Wand-Betrachten» sein.

Daneben haben wir jedoch noch einige Sūtras, die uns Einblicke in Bodhidharmas Lehre erlauben, nämlich das *Lankāvatāra-*, das *Vajrasamādhi-* und das *Vajrachchedikā-Sūtra*. Im Unterschied zu anderen Schulen des Buddhismus hat Zen keine bestimmten Sūtras, die man als seinen «Kanon» bezeichnen könnte und auf die seine Anhänger sich für die Grundaussagen ihrer Schule berufen. Bodhidharma empfahl jedoch seinem Schüler Hui-k'o (Eka) das *Lankāvatāra-Sūtra* als die Schrift, in der sich die Lehren finden, die am direktesten mit Zen zu tun haben, und nach ihm waren es vor allem die Zen-Gelehrten, die dieses Sūtra studierten. Auch die Bedeutung des *Vajrasamādhi-Sūtra* als Lehrwerk der Philosophie des Zen geht, wie wir bereits darstellten, aus Bodhidharmas eigenen Hinweisen hervor.

Anders steht es mit dem *Vajrachchedikā- Sūtra*, denn hier wird meist angenommen, daß es in der Zeit vor dem fünften Patriarchen, Hung-jen (Gunin), nichts mit Zen zu tun gehabt habe. Hung-jen machte seine Schüler als erster damit vertraut, während Bodhidharma selbst kein Wort über diesen in China sehr beliebten Text verlor. In Hui-nengs Vorwort zum

Vajrachchedikā-Sūtra finden wir jedoch: «Seit seinem Kommen aus dem Westen wünschte Bodhidharma den Sinn dieses Sūtra zu verbreiten und die Menschen anzuleiten, das Prinzip zu begreifen und in das Wesen zu schauen.» Wenn das so war, muß Bodhidharma das Sūtra sehr gut gekannt haben, ja, seine Beziehung zum Zen muß sogar tiefer gewesen sein als die des *Lankāvatāra-Sūtra*. Jedenfalls war aber das *Lankāvatāra-Sūtra* ein zu schwieriger Stoff, als daß es allgemeines Interesse hätte finden können, und als Zen immer mehr an Einfluß gewann, trat das *Vajrachchedikā-Sūtra* allmählich an seine Stelle. Es gehört der Prajñāpāramitā-Klasse der buddhistischen Literatur an; seine Lehre ist vergleichsweise einfach und in gewisser Weise den taoistischen Ideen der Leerheit und des Nicht-Handelns verwandt. Der normale Chinese war durchaus in der Lage, der Shūnyatā-Philosophie zu folgen, denn sie hatte mit einer bestimmten Seite des chinesischen Denkens vieles gemein.*

Für die Zen-Anhänger jedoch war alle Literatur wie der Finger, der zum Mond deutet, aber selbst nicht der Mond ist; das Deuten allein wird kaum jemanden dazu bringen, sein eigenes wahres Wesen zu schauen. Dieses Schauen muß vielmehr durch eigenes persönliches Bemühen erlangt werden, jenseits des bloßen Buchstaben-Verstehens. Kein Sūtra ver-

* Hier möchte ich einmal jenen Gelehrten etwas erwidern, die die Shūnyatā-Philosophie für die Grundlage des Zen halten. Sie verfehlen den wahren Sinn des Zen, denn hier geht es zunächst um Erfahrung und nicht um Philosophie oder Dogmatik. Zen läßt sich nicht auf metaphysische oder psychologische Anschauungen gründen; man mag sich damit beschäftigen, nachdem man die Zen-Erfahrung gemacht hat, aber nicht als Voraussetzung dafür. Die Prajñāpāramitā-Philosophie geht Zen nicht voraus, sondern folgt ihm. Buddhistische Gelehrte neigten schon zu Bodhidharmas Zeiten dazu, Lehre und Leben, Theorie und Erfahrung, Beschreibung und Faktum zu verwechseln. Wenn man dieser Verwirrung ihren Lauf läßt, wird Zen uns keine zufriedenstellenden Antworten mehr geben. Ohne das Faktum der Erleuchtung unter dem Bodhi-Baum hätte kein Nāgārjuna je ein Buch über die Prajñā-Philosophie schreiben können.

mag dem wirklich ernsthaften Wahrheitssucher zu helfen, die Wirklichkeit mit bloßen Händen zu ergreifen. Dazu ist vielmehr erforderlich, daß sein Bewußtsein sich aufgrund seines beharrlichen Bemühens von innen her öffnet. Schriften geben nur Hinweise auf die einzuschlagende Richtung, sind aber nie die Sache selbst.

Was wir an Aufzeichnungen über Bodhidharmas Leben in Indien finden, ist, wie gesagt, nicht sehr glaubwürdig, aber Tao-hsüans und Tao-yüans Berichte über seine Zeit in China sind nicht so leicht von der Hand zu weisen. Die erste große Persönlichkeit, mit der Bodhidharma nach seiner Ankunft in China eine Unterredung hatte, war, dem *Dentō-roku* zufolge, der Kaiser Wu von Liang, ein großer Schutzpatron des Buddhismus. Die Begegnung soll folgendermaßen abgelaufen sein:

Kaiser Wu von Liang fragte Bodhidharma: «Seit Beginn meiner Regentschaft habe ich viele Tempel errichten und viele Schriften kopieren lassen und viele Mönche und Nonnen unterstützt. Welche Verdienste, glaubt Ihr, habe ich mir damit erworben?»

«Kein Verdienst», erwiderte Bodhidharma knapp.

«Weshalb nicht?» verlangte der Kaiser erstaunt zu wissen.

«All das sind geringe Taten, aufgrund derer man im Himmel oder wieder auf dieser Erde geboren werden kann», so begann Bodhidharmas bedeutsame Antwort. «Sie zeigen noch Spuren von Weltlichkeit, sind wie Schatten, die den Dingen folgen. Wenn sie auch wirklich zu existieren scheinen, sind sie doch bloße Nicht-Wesenheiten. Eine wahrhaft verdienstvolle Tat ist erfüllt von reiner Weisheit, ist vollkommen und geheimnisvoll, und ihr Wahres Wesen liegt außerhalb der Reichweite menschlicher Intelligenz. Solches sucht man nicht durch weltliche Errungenschaften.»*

* Der folgende Teil dieser Unterredung bildet das 1. Beispiel des *Pi-yen-lu* (jap. *Hekigan-roku*), der «Niederschrift von der blaugrünen Felswand», einer der beiden wichtigsten Kōan-Sammlungen der Zen-Literatur, in der ersten Hälfte des 12. Jahrhunderts von Meister Yüan-wu K'o-ch'in (Engo Kokugon) in der heute vorliegenden Form verfaßt.

Der Kaiser Wu von Liang fragte den Patriarchen Bodhidharma: «Was ist der unübertreffliche Sinn der Heiligen Wahrheit?»

Bodhidharma sagte: «Leere Weite, nichts Heiliges.»

Der Kaiser fragte: «Wer ist das Uns gegenüber?»

Bodhidharma sagte: «Weiß (es) nicht.»

Diese Antwort war eigentlich ganz einfach und auch ganz klar, doch dem frommen und gelehrten Kaiser gelang es nicht, den Geist, von dem Bodhidharmas ganze Haltung durchdrungen war, zu erfassen.

Bodhidharma sah, daß er offenbar nichts weiter für den Kaiser tun konnte, verließ dessen Reich und zog sich in ein Kloster im Staate Wei zurück, wo er neun Jahre in der stillen Versunkenheit der «Wand-Betrachtung» zugebracht haben soll und dadurch allmählich als der Pi-kuan-Brahmane bekannt wurde.*

Eines Tages suchte ihn der Mönch Senk-k'o auf und ersuchte ihn sehr ernsthaft und dringend um Unterweisung, doch Bodhidharma nahm ihn anfangs nicht zur Kenntnis. Seng-k'o war jedoch nicht abzuschrecken, denn er wußte, daß die großen Meister der Vergangenheit viele Feuerproben auf sich genommen hatten, um endlich ans Ziel ihres Strebens zu gelangen. Tagelang stand er im Schnee und wartete darauf, vom Meister beachtet zu werden.

Schließlich wandte Bodhidharma sich um und fragte: «Was möchtest du, daß ich für dich tun soll?»

«Ich bin gekommen, Eure unschätzbare Unterweisung zu empfangen», antwortete Seng-k'o. «Bitte, öffnet Euer Tor des Erbarmens und versagt diesem armen Sterblichen nicht Eure Hand.»

Bodhidharma erwiderte: «Die unvergleichliche Lehre des

* Wie ich schon sagte, besteht vielfach die Schwierigkeit, zwischen Bodhidharmas Sitzen «der Wand gegenüber» (*mien-pi*, jap. *menpeki*) und seiner Lehre der Pi-kuan-Meditation zu unterscheiden. Diese Schwierigkeit ist sehr alt, und schon in der Zeit Tao-yüans war der ursprüngliche Sinn des Pi-kuan den Gelehrten offenbar nicht mehr klar.

Buddhismus kann nur nach langer, harter Schulung begriffen werden – durch Ertragen dessen, was am schwersten zu ertragen ist, durch das Üben dessen, was am schwierigsten zu üben ist. Menschen von geringer Kraft und Weisheit ist es verwehrt, irgend etwas davon zu begreifen. Alle ihre Mühen werden zunichte.»

Den Fortgang dieser Begegnung schildert das *Wu-men-kuan* (*Mumonkan*):

Bodhidharma saß der Wand gegenüber. Der Zweite Patriarch, der im Schnee gestanden hatte, schnitt seinen Arm ab* und sagte: «Der Geist Eures Schülers findet noch keinen Frieden. Ich bitte Euch, Meister, gebt ihm Frieden.»

Bodhidharma sagte: «Bring mir den Geist her, und ich werde ihn zur Ruhe bringen.»

Der Zweite Patriarch sagte: «Ich habe nach dem Geist gesucht, doch er ist schließlich unauffindbar.»

Bodhidharma sagte: «Dann habe ich ihn gründlich zur Ruhe gebracht.»**

Senk-k'o hieß fortan Hui-k'o (Eka).

Nach einer Legende, die wir im *Dentō-roku* finden, bekam Bodhidharma nach neun Jahren Heimweh nach Indien und entschloß sich, dorthin zurückzukehren. Bevor er aufbrach, rief er seine Schüler zusammen, um ihre Verwirklichung seiner Lehre zu prüfen.

* In manchen Quellen heißt es, er sei ein Soldat gewesen, der dem Konfuzianismus anhing. Daß er tagelang im Schnee stand und sich schließlich den Arm abschnitt, um seine Aufrichtigkeit und Ernsthaftigkeit zu beweisen, dürfte wohl mehr oder weniger Legende sein. Da bei Tao-hsüan hiervon nicht die Rede ist, glauben viele, daß diese Episode aus anderen Quellen entlehnt wurde. Es heißt auch, er sei nach seiner Unterredung mit Bodhidharma von Wegelagerern überfallen worden und habe dabei seinen Arm verloren. Wir haben nichts an der Hand, womit eine dieser Versionen zu verifizieren wäre. Jedenfalls ist die ganze Szene hochdramatisch, und es muß in diesem Entwicklungsstadium des Zen wohl notwendig gewesen sein, die Tatsachen mit phantastischen Elementen zu verweben.

** *Wu-men-kuan*, 41. Beispiel.

Der erste Schüler, den er fragte, sagte: «Wie ich es verstehe, sollten wir, wenn wir die Wahrheit verwirklichen wollen, uns weder ganz auf Worte verlassen, noch sollten wir die Worte ganz abtun; wir sollten sie vielmehr als ein Werkzeug auf dem Weg benutzen.»

Bodhidharma antwortete ihm: «Du hast meine Haut erfaßt.»

Als nächstes trat eine Nonne vor und sagte: «Wie ich es verstehe, ist die Wahrheit wie eine glückverheißende Schau des Buddha-Paradieses; man sieht sie einmal und dann nie wieder.»

Ihr antwortete Bodhidharma: «Du hast mein Fleisch erfaßt.»

Der nächste Schüler sagte: «Die vier Großen Elemente sind leer, und die fünf Skandhas sind nicht-existent. Es gibt in der Tat nichts, das zu erfassen wäre.»

Hierauf entgegnete Bodhidharma: «Du hast meine Knochen erfaßt.»

Schließlich war Hui-k'o an der Reihe. Er sagte jedoch nichts, sondern verbeugte sich nur schweigend vor dem Meister.

Ihm sagte Bodhidharma: «Du hast mein Mark erfaßt.»*

Geheimnisumwittert ist das Ende Bodhidharmas; wir wissen nicht, wie, wann und wo er diese Erde verließ. Manche sagen, er sei von seinen Widersachern vergiftet worden, andere meinen, er sei durch die Wüste nach Indien zurückge-

* Nach Hsieh-sung, dem Autor der Schrift *Rechte Übermittlung des Dharma*, folgt Bodhidharma in dieser «Anatomie» des Zen-Begreifens Nāgārjuna. Dieser sagt in seinem berühmten Kommentar zum *Prajñāpāramitā-Sūtra*: «Moralische Lebensführung ist die Haut, Meditation ist das Fleisch, das höhere Begreifen ist die Knochen, und der subtile und gute Geist ist das Mark.» Den «subtilen Geist» interpretiert Hsieh-sung als das, was wortlos vom Buddha auf seinen Dharma-Nachfolger übertragen wurde. Dann verweist er auf Chih-i, der zur Zeit der Sui-Dynastie lebte und diesen Geist als die Wohnstatt aller Buddhas betrachtet, als den mittleren Weg, in dem weder Einheit noch Vielheit ist und der in Worten nicht auszudrücken ist.

wandert, und wieder andere behaupten, er sei in Japan aufgetaucht. In einem Punkt stimmen sie jedoch alle überein: Er muß sehr alt gewesen sein, als er starb, nach Tao-hsüan über einhundertfünfzig Jahre.

VON HUI-K'O ZU HUNG-JEN

Nach Bodhidharma war Hui-k'o (487–593) der Hauptvertreter des Zen-Buddhismus. Er soll ein Gelehrter gewesen sein, wohl bewandert in den Schriften des Konfuzianismus, Taoismus und Buddhismus, als er zu Bodhidharma kam und um Unterweisung bat. Doch alle Gelehrsamkeit konnte ihn nicht befriedigen; er scheint sogar eine Art Erleuchtungserfahrung gehabt zu haben und suchte Bodhidharma auf, um sie von ihm bestätigt zu bekommen. Nach Beendigung seiner Schulung unter Bodhidharma soll er nicht gleich zu lehren begonnen haben, sondern lebte in dieser Zeit offenbar unter einfachen Arbeitern und war gar nicht darauf aus, als Meister von großer Weisheit und tiefer Einsicht betrachtet zu werden. Dennoch vermittelte er auf seine stille Weise den Dharma, wo immer sich Gelegenheit dazu bot. Er blieb einfach, unauffällig und bescheiden und machte kein Aufheben von sich.

Eines Tages jedoch sprach er vor einem Tempeltor über den Dharma, während drinnen gerade der gelehrte und geachtete Priester des Tempels predigte. Dieser mußte mitansehen, wie ihm seine Zuhörerschaft allmählich abhanden kam und sich draußen um den vermutlich zerlumpten und durch nichts als geistlichen Würdenträger zu erkennenden Straßenmönch scharte. Das erregte seinen Zorn. Er bezichtigte den Bettelmönch bei den Behörden der Verbreitung von Irrlehren, woraufhin Hui-k'o festgenommen und zum Tode verurteilt wurde. Er unternahm nichts, um seine Unschuld zu beweisen, sondern fügte sich still mit den Worten, er habe gemäß dem Gesetz des Karma eine alte Schuld zu begleichen. Dies geschah im Jahre 593, und er war einhundertsechs Jahre alt, als er hingerichtet wurde.

Seine Beredsamkeit, so lesen wir bei Tao-hsüan, entsprang unmittelbar seinem Herzen und war gänzlich frei von gelehrten Erörterungen. Wenn er sein Verständnis des Zen darlegte, wurden seine Worte ihm natürlich von denen, die sich nicht über den toten Buchstaben erheben konnten, als Häresie oder sinnloses Geschwätz ausgelegt. Da war vor allem ein Meditationsmeister namens Tao-hüan, der eine sehr große Anhängerschaft besaß und sofort eine feindselige Haltung gegenüber Hui-k'o einnahm. Er schickte einen seiner Schüler zu ihm, wohl um herauszufinden, was für ein Mann er wirklich war. Als dieser Schüler jedoch den Worten des angeblichen Häretikers lauschte, war er so beeindruckt, daß er zu einem Zen-Anhänger wurde. Tao-hüan entsandte einen weiteren Schüler, der den ersten zurückholen sollte, doch der folgte dem Vorbild seines Vorgängers. Noch etliche weitere Schüler folgten, doch das Ergebnis war immer dasselbe. Später traf Tao-hüan zufällig den ersten Kundschafter und fragte: «Weshalb mußte ich so viele Male nach dir senden? Öffnete ich dir nicht das Auge, nachdem ich mich so lange um dich bemühte?»

Der Schüler jedoch erwiderte: «Mein Auge war recht von Anfang an; durch Euch kam es, daß es zu blinzeln begann.»

Das brachte den Meister sehr in Harnisch, und durch seine Ränke, so schreibt Tao-hsüan, kam es dazu, daß Hui-k'o sich der Verfolgung durch die Behörden ausgesetzt sah.

So finden wir die Geschichte in Tao-hsüans *Biographien* verzeichnet; Tao-yüan erzählt uns in seiner Aufzeichnung eine etwas andere Version, doch beide stimmen darin überein, daß Hui-k'o durch die Hände seiner Feinde umkam. Kein Zweifel, in der Zen-Lehre Bodhidharmas und seines ersten chinesischen Schülers lag etwas, das den meisten Buddhisten jener Zeit unbegreiflich blieb, weil sie sich bis dahin nur mit den eher äußerlichen Aspekten des Buddhismus beschäftigt hatten – Metaphysik, Übungen für das Stillwerden des Geistes und Moralität. Nun behaupteten die Vertreter des Zen beharrlich, die Wahrheit müsse im eigenen Bewußtsein wachgerufen werden, und sei es auf Kosten der kanonischen Lehren in den Sūtras und Shāstras, von denen viele bereits in Übersetzungen in Umlauf waren. Das war den Konservativen und Buchstabengläubigen natürlich ein Dorn im Auge.

Wie Bodhidharma hinterließ auch Hui-k'o keine Werke in literarischer Form, wenn es auch in beider Biographie heißt, ihre Lehrreden seien gesammelt und die des Zweiten Patriarchen sogar «klassifiziert»* worden, was immer darunter zu verstehen sein mag. Einiges ist erhalten geblieben, und der folgende Auszug gibt uns einen Eindruck von Hui-k'os Lehre. Ein Laienschüler namens Hsiang schrieb einen Brief an ihn:

> Schatten folgt einem Körper, und Echo erhebt sich aus einem Laut. Wer dem Schatten nachläuft und dabei den Körper erschöpft, weiß nicht, daß der Körper den Schatten wirft; wer ein Echo zu unterbinden trachtet, indem er seine Stimme erhebt, versteht nicht, daß die Stimme die Ursache des Echos ist. Wer nach Nirvāna strebt, indem er Begierden und Leidenschaften abschneidet, ist einem zu vergleichen, der den Schatten losgelöst vom Körper sucht; und wer nach Buddhaschaft strebt, sie aber als vom Wesen aller Lebewesen gesondert betrachtet, ist einem zu vergleichen, der das Echo hören möchte, indem er seinen Ursprungslaut abtötet. Die Nichtwissenden und die Erleuchteten wandeln *einen* Weg; der Gemeine und der Weise, kein Unterschied ist zwischen ihnen. Wo keine Namen sind, schaffen wir Namen, und aufgrund dieser Namen bilden sich Urteile. Wo kein zergliederndes Denken ist, zergliedern

* Es muß einen Band mit Darlegungen und Briefen von Hui-k'o gegeben haben, von seinen Schülern gesammelt und aufgeschrieben und von ihm selbst gründlich überarbeitet. Auch Bodhidharmas Aussprüche müssen zur Zeit Tao-hsüans, also in der frühen T'ang-Dynastie, noch in Umlauf gewesen sein.

wir, und aufgrund dieses Zergliederns entsteht Disput. All das sind Trugschöpfungen, keine Wirklichkeiten, und wer soll wissen, wer recht hat und wer unrecht? Das alles ist leer, ohne Substanz, und wer weiß, was ist und was nicht ist? So erkennen wir, daß unser Gewinn kein wahrer Gewinn und unser Verlust kein wahrer Verlust ist. Dies ist meine Anschauung, und darf ich um Aufklärung bitten, falls ich mich irre?

Darauf antwortete Hui-k'o:

Ihr habt den Dharma wahrlich erfaßt, wie er ist; die tiefste Wahrheit liegt im Prinzip der Identität. Aufgrund unserer Verblendung halten wir das Mani-Juwel für eine Ziegelscherbe, doch dann, wenn man plötzlich zur Selbst-Erleuchtung erweckt wird, wird man gewahr, daß man bereits im Besitz des wirklichen Juwels ist. Die Nichtwissenden und die Erleuchteten sind eines Wesens, sind nicht zu unterscheiden. Wir müssen erkennen, daß alle Dinge sind, wie sie sind. Die eine dualistische Anschauung der Welt hegen, sind zu bedauern, und ich schreibe diesen Brief für sie. Wenn wir erkennen, daß zwischen diesem Körper und dem Buddha nichts ist, womit sie voneinander zu sondern wären, welchen Nutzen hat dann das Suchen nach Nirvāna?

Auf Hui-k'o folgte Seng-ts'an (Sōsan) als dritter Patriarch des Zen in China. Nach einer Legende soll er vierzig Jahre alt gewesen sein und an Lepra gelitten haben, als er dem zweiten Patriarchen begegnete. Im *Denkō-roku** wird diese Begebenheit folgendermaßen wiedergegeben:
Der dreißigste Patriarch [seit Shākyamuni Buddha], Kanchi

* «Aufzeichnung über die Weitergabe des Lichts», ein Werk, das auf den japanischen Zen-Meister Keizan Jōkin (1269–1325) zurückgeht. Nicht zu verwechseln mit dem *Dentō-roku*.

Daishi [*daishi*: Großer Meister], ging (zur Unterweisung) zum neunundzwanzigsten Patriarchen und fragte: «Der Leib des Schülers ist von tödlicher Krankheit umfangen. Ich bitte Euch, Meister, löscht meine Sünden aus.»

Der Patriarch [Hui-k'o] sagte: «Bring mir deine Sünden her; ich werde sie dir auslöschen.»

Der Meister [Seng-ts'an] saß eine Weile still da und sagte: «Obgleich ich nach meinen Sünden gesucht habe, kann ich sie doch nicht finden.»

Der Patriarch sagte: «Dann habe ich deine Sünden schon gründlich ausgelöscht. Du solltest in Übereinstimmung mit Buddha, Dharma und Sangha leben.»

Nach dem *Dentō-roku* ging diese Unterredung folgendermaßen weiter:

Seng-ts'an fragte: «Während ich hier vor Euch stehe, Meister, weiß ich, daß Ihr der Gemeinschaft angehört, doch sagt mir bitte, was sind der Buddha und der Dharma?»

Hui-k'o erwiderte: «Geist ist der Buddha, Geist ist der Dharma; und der Buddha und der Dharma sind nicht zwei. Dasselbe ist von der Gemeinschaft zu sagen.»

Das stellte den Schüler zufrieden, und er sagte: «Heute erkenne ich zum ersten Mal, daß Sünden weder innen noch außen, noch in der Mitte sind; wie der Geist ist, so ist der Buddha, so ist der Dharma; sie sind nicht zwei.»*

Darauf wurde er von Hui-k'o zum buddhistischen Mönch ordiniert und zog sich dann ganz aus der Welt zurück, so daß kaum noch etwas über sein Leben bekannt wurde. Das liegt sicher zum Teil auch an der Buddhistenverfolgung unter dem

* Im *Vimalakīrtinirdesha-Sūtra*, Kapitel III, «Die Schüler», finden wir: «Sorgt euch nicht um die Sünden, die ihr begangen habt, o Mönche», sagte Vimalakīrti. «Weshalb? Weil Sünden in ihrem Wesen weder innen noch außen, noch in der Mitte sind. Wie der Buddha uns lehrte, sind alle Dinge befleckt, wenn der Geist befleckt ist; alle Dinge sind rein, wenn der Geist rein ist; und der Geist ist weder innen noch außen, noch in der Mitte. Wie der Geist, so sind Sünden und Befleckungen, so sind alle Dinge – sie transzendieren niemals die Soheit der Wahrheit.»

Kaiser der Chou-Dynastie. Den Berichten zufolge fand er im Jahre 592 einen Schüler, den er für würdig befand, sein Nachfolger zu werden. Dieser Schüler hieß Tao-hsin (Dōshin). Im *Denkō-roku* wird die Begegnung der beiden geschildert:

Der einunddreißigste Patriarch [der vierte chinesische Patriarch], Daii Zenji [Ehrentitel für Tao-hsin], verneigte sich vor Kanshi Daishi [Ehrentitel für Seng-ts'an] und sagte: «Ich bitte Euch, Meister, habt Erbarmen mit mir; bitte erteilt mir das Dharma-Tor der Befreiung.»

Der Patriarch [Seng-ts'an] sagte: «Wer bindet dich?»

Der Meister [Tao-hsin] sagte: «Da ist niemand, der mich bindet.»

Der Patriarch sagte: «Warum suchst du dann noch nach Befreiung?»

Bei diesen Worten erlebte der Meister große Erleuchtung.

Als Seng-ts'an ihn als seinen Nachfolger bestätigte, händigte er ihm zum Zeichen der Übermittlung des Dharma das Gewand des Ersten Patriarchen aus.* Er starb im Jahre 606. Sein Leben blieb weitgehend im Dunkel, doch von seinem Denken können wir einiges einer Schrift mit dem Titel *Hsin-hsin-ming*** (jap. *Shinjinmei*) entnehmen, welche die Grund-

* Wenn es im Zen nur der «Erste Patriarch», der «Zweite Patriarch» usw. heißt, so sind damit immer die *chinesischen* Patriarchen gemeint.

** *Hsin* ist eines jener chinesischen Wörter, die praktisch unübersetzbar sind. Als die indischen Gelehrten die buddhistischen Sanskritwerke ins Chinesische zu übertragen versuchten, entdeckten sie, daß es fünf Klassen von Sanskrit-Begriffen gibt, die sich nicht adäquat ins Chinesische übertragen lassen. Daher finden wir im chinesischen Tripitaka («Dreikorb», Kanon der buddhistischen Schriften) Begriffe wie Prajñā, Bodhi, Buddha, Nirvāna, Dhyāna, Bodhisattva und andere fast stets unübersetzt. Heute noch erscheinen sie in der buddhistischen Terminologie in ihrer ursprünglichen Form. Könnten wir *hsin* in der folgenden Übersetzung mit all seinen Bedeutungsnuancen stehenlassen, so würde uns dies die großen Schwierigkeiten ersparen, die vor allem die Übersetzung in europäische Sprachen mit sich bringt, denn *hsin* bedeutet nicht nur «Geist» (und zwar sowohl im Sinne von lat. *mens* als auch im Sinne von lat. *spiritus*), sondern auch «Herz» oder «Seele»; es kann jeden dieser Inhalte einzeln, aber auch alle zusammen

prinzipien des Zen in Gedichtform darlegt und starke taoistische Einflüsse erkennen läßt.

Der Erhabene Weg ist gar nicht schwer,
nur abhold wählerischer Wahl.
Nur in der Freiheit von Haß und Liebe
zeigt er sich ganz und unverhüllt.

Eine Abweichung um Haaresbreite,
und Himmel und Erde klaffen auseinander.
Möchtest du ihn verwirklicht sehen,
so fasse keinen Gedanken für oder gegen ihn.

Was du magst, gegen das zu halten, was du nicht magst,
das ist die Krankheit des Herz-Geistes.
Wenn du den tiefen Sinn nicht erfaßt,
mühst du vergebens dich um Seelenruhe.

Vollkommen wie der weite Raum,
mangelt ihm nichts, ist nichts zuviel.
Es liegt fürwahr an den Vorlieben und Abneigungen,
daß man seine Soheit aus dem Auge verliert.

Verstricke dich nicht in das Äußere,
verharre nicht in der inneren Leere.
Wenn der Herz-Geist gelassen in der Einheit der Dinge ruht,
verliert sich alle Verblendung von selbst.

bezeichnen. In dem folgenden Werk des dritten Patriarchen hat das Wort manchmal einen intellektuellen Beigeschmack, während es an anderen Stellen mit «Herz» treffend übersetzt wäre. Da wir aber den Grundton des Zen am ehesten als intellektuell bezeichnen können (aber natürlich nicht im Sinne von «Logik» oder «Philosophie»), übersetze ich *hsin* hier lieber mit «Geist» (*mind*) denn mit «Herz». (Für die deutsche Fassung wurde der Ausdruck «Herz-Geist» gewählt, der dem Sprachgebrauch in der chinesischen und japanischen Zen-Literatur am nächsten kommt.)

Und wenn die Einheit nicht gründlich erfaßt wird,
erleidet man Verlust auf zweierlei Weise:
Das Leugnen der Wirklichkeit kann in ihre absolute Verneinung münden,
während das Beharren auf der Leere zu einem Widerspruch führt.*

Viele Worte und viele Gedanken,
je mehr wir uns an sie halten, desto mehr gehen wir in die Irre.
Fort mit Geschwätzigkeit, schneide ab das Denken,
und es gibt keinen Ort, an dem du dich nicht frei bewegen kannst.

An die Wurzel zurückkehrend, erlangen wir den Sinn.
Äußeren Dingen nachhängend, geht das Prinzip uns verloren.
In dem Augenblick, da wir erleuchtet werden,
übersteigen wir die Leerheit der Welt, die uns begegnet.

Die Wandlungen einer leeren Welt, die uns begegnet,
erscheinen als wirklich nur aufgrund von Verblendung.
Suche nicht nach dem Wahren,
höre nur auf, Meinungen zu hegen.

Verweile nicht bei der Zweiheit,
hüte dich, ihr nachzugehen.

* Das bedeutet: Wo die Einheit der Dinge nicht richtig erfaßt wird, ist Bejahung ebenso wie Verneinung eine einseitige Sicht der Wirklichkeit. Wenn Buddhisten die Wirklichkeit der phänomenalen Welt leugnen, so heißt das nicht, daß sie an die absolute Leerheit der Dinge glauben; sie wissen, daß da etwas Reales ist, das man nicht von der Hand weisen kann. Die Shūnyatā-Lehre bedeutet nicht, daß alles ein leeres Nichts ist, denn das würde zu einem Widerspruch führen. Die Zen-Philosophie verfällt nicht dem Irrtum der Einseitigkeit, dem sowohl der absolute Realismus als auch der absolute Idealismus unterliegen.

Sobald du Richtig und Falsch hast,
erhebt sich Verwirrung im Herz-Geist.

Die Zweiheit existiert aufgrund des Einen,
doch halte dich nicht einmal an dieses Eine.
Wenn der eine Geist nicht aufgerührt wird,
sind die Zehntausend Dinge ohne Verstoß.

Wo kein Verstoß ist, gibt es keine Dinge,
wo nichts aufgerührt wird, gibt es keinen Geist.
Das Subjekt kommt zur Ruhe, indem das Objekt erlischt,
das Objekt erlischt, indem das Subjekt zur Ruhe kommt.

Das Objekt ist ein Objekt für das Subjekt.
Das Subjekt ist ein Subjekt für ein Objekt.
Wisse, daß die Bezogenheit der beiden
letztlich auf der Einheit der Leere beruht.

In der Einheit der Leere sind die zwei eines,
und jedes der beiden enthält in sich all die Zehntausend Dinge.
Wo kein Unterschied gemacht wird zwischen diesem und jenem,
wie können da einseitige und voreingenommene Anschauungen entstehen?

Stille und ein offener Sinn machen den Großen Weg aus.
Nichts ist leicht, nichts ist schwer.
Begrenzte Anschauungen sind schwankend,
je hastiger sie vorwärts drängen, desto mehr geraten sie ins Hintertreffen.

Wer anhaftet, der gerät aus dem Lot
und geht ganz gewiß in die falsche Richtung.
Laß nur los, und die Dinge sind, wie sie zu sein haben,
im Grunde gibt es kein Gehen und kein Bleiben.

Unterwirf dich der Natur der Dinge, und du bist in
Übereinstimmung mit dem Weg,
ruhig und gelassen und frei von Verdruß.
Sind deine Gedanken aber gebunden, so kehrst du
dich ab von der Wahrheit,
sie werden schwer und dumpf und sind nicht klar.

Wenn sie nicht klar sind, ist die Seele betrübt.
Was frommt es also, voreingenommen und einseitig zu sein?
Willst du den Weg des Einen Fahrzeugs gehen,
so sei nicht voreingenommen gegenüber den sechs Sinnes-
objekten.

Bist du nicht voreingenommen gegenüber den sechs
Sinnesobjekten,
so bringst du dich in Übereinstimmung mit der Erleuchtung.
Der Weise übt sich im Nicht-Handeln,
während die Verblendeten sich selbst fesseln;
obgleich es im Dharma selbst keine Einzeldinge gibt,
heften sie sich in ihrer Verblendung an bestimmte Dinge.
Ihr eigener Geist erschafft die Illusionen –
ist das nicht der größte aller Widersprüche?

Verblendung erzeugt die Zweiheit von Rast und Unrast.
Die Erleuchteten haben keine Vorlieben und Abneigungen.
Alle Formen der Zweiheit
erdenkt der Herz-Geist unwissentlich selbst.
Sie sind wie Gesichte und Blüten in der Luft,
wozu uns plagen, sie zu erringen?
Gewinn und Verlust, Recht und Unrecht,
fort damit, ein für allemal!

Schläft das Auge niemals ein,
so hören alle Träume von selbst auf.
Wahrt der Herz-Geist seine Einheit,
so sind die Zehntausend Dinge von einer Soheit.

Wird das tiefe Geheimnis der einen Soheit ergründet,
sind alle äußeren Verwicklungen auf einmal vergessen.
Werden die Zehntausend Dinge in ihrer Einheit geschaut,
so kehren wir zum Ursprung zurück und bleiben, was wir sind.

Vergiß das Wozu der Dinge,
und du erlangst das Stadium jenseits des Vergleichens.
Angehaltene Bewegung ist nicht Bewegung,
und in Bewegung gesetzte Ruhe ist nicht Ruhe.
Wo keine Zweiheit mehr herrscht,
bleibt auch die Einheit selbst nicht als solche erhalten.

Das Unüberschreitbare, über das hinaus kein Ding gelangen kann,
ist nicht durch Maß und Regel gesetzt.
Der Herz-Geist in Einklang [mit dem Weg] ist das Prinzip der Identität,
worin wir alles Tun in Ruhe finden.
Alle Unschlüssigkeit ist beseitigt,
und der rechte Glaube findet zu seiner natürlichen Geradheit zurück.

Nichts wird jetzt mehr behalten,
nichts muß erinnert werden.
Alles ist leer, klar, sich selbst erleuchtend,
keine Anstrengung, keine Mühe, keine Kraftverschwendung.
Hierher gelangt das Denken nie,
und die Vorstellung ermißt es nicht.

Im Reich der Wahren Soheit
gibt es weder ein «Anderes» noch ein «Ich».
Wo direkte Benennung verlangt wird,
können wir nur sagen: «Nicht zwei.»

In dieser Nicht-Zweiheit ist alles dasselbe,
und alles ist darin einbegriffen.
Alle Weisen der zehn Weltgegenden
gehen ein in diesen absoluten Glauben.

Dieser absolute Glaube ist ohne Verlauf und Ausdehnung,
ein Augenblick ist zehntausend Jahre.
Worauf die Dinge auch eingestellt sein mögen, ob auf
«sein» oder «nicht sein»,
es ist überall vor dir offenkundig.

Das unendlich Kleine ist das Größte, das es gibt,
wenn äußere Bedingungen vergessen sind.
Das unendlich Große ist das Kleinste, das es gibt,
wenn äußere Grenzen aus dem Auge verloren werden.

Was ist, ist dem gleich, das nicht ist.
Was nicht ist, ist dem gleich, das ist.
Wo du diesen Stand der Dinge nicht antriffst,
verweile nicht.

Eines in allem,
Alles in einem –
Wo dies erfaßt ist,
sorge dich nicht mehr um deine Unvollkommenheit.

Der glaubende Herz-Geist ist nicht geteilt,
das Ungeteilte ist der glaubende Herz-Geist.
Hier versagen die Worte,
denn es gehört weder Vergangenheit noch Zukunft,
noch Gegenwart an.

Unter Tao-hsin (580–651), dem Vierten Patriarchen, teilte Zen sich in zwei Zweige. Der eine, Niu-t'ou-tsung (Gozu-shū) genannt, blieb jedoch eine wenig einflußreiche Nebenlinie, die bald nach ihrem Gründer, Fa-jung (auch Niu-t'ou, jap. Gozu, nach dem Namen des Berges, auf dem er lebte), erlosch und nicht zu den «orthodoxen» Zen-Schulen gerechnet wird. Der andere Zweig geht auf Hung-jen, den Fünften Patriarchen, zurück, und diese Schule lebte weiter. Hung-jen (Gunin oder Kōnin, 601–674) begegnete dem Vierten Patriarchen, als er erst vierzehn Jahre alt war, und schon beim ersten Gespräch beeindruckte er Tao-hsin durch die Art seiner Antworten. Die Begebenheit ist im *Denkō-roku* wiedergegeben, und der Witz dieses Dialoges ist das Spiel mit zwei im Chinesischen gleichlautenden Wörtern, nämlich *hsing* = «Familienname» und *hsing* = «Natur, Wesen»:

Der Patriarch [Tao-hsin] fragte: «Was ist dein Familienname (*hsing*)?»

Der Meister [Hung-jen] sagte: «Obgleich ich einen Namen habe, ist es doch kein gewöhnlicher Name.»

Der Patriarch sagte: «Was für ein Name ist es denn?»

Der Meister sagte: «Es ist Buddha-Wesen [Wesen = *hsing*].»

Der Patriarch sagte: «Hast du keinen Familiennamen?»

Der Meister sagte: «Habe ich nicht, da es Leeres-Wesen ist.»

Der Patriarch war still und bestätigte, daß er ein Dharma-Gefäß war. Und er übermittelte das Dharma-Gewand.

Sehr aufschlußreich ist eine Begegnung Tao-hsins mit Fa-jung, denn hier zeigt sich, worin sich ihr Verständnis unterschied und weshalb das eine sich schließlich als lebensfähiger erwies.

Während der Chen-kuan-Ära der T'ang-Dynastie hörte Tao-hsin von einem Heiligen, der auf dem Niu-t'ou-Berg lebte, und begab sich dorthin, um zu sehen, wer das war. Bei einem buddhistischen Tempel in den Bergen erkundigte er sich nach dem Mann, und man erzählte ihm von einem Einsiedler, der sich nie von seinem Sitz erhob und nicht einmal grüßte, wenn jemand sich ihm näherte. Tao-hsin ging tiefer in die Berge hinein und fand den Eremiten dort still versunken sitzend, den Fremden nicht beachtend. Er fragte ihn, was er denn da tue. «Ich betrachte den Geist», lautete die Antwort. Da fragte Tao-hsin weiter: «Was ist der, der betrachtet? Was ist der Geist, der betrachtet wird?» Für solche Fragen war Fa-jung nicht gerüstet. Doch bemerkte er nun wohl, daß sein Besucher ein Mann von tiefer Einsicht war, und erhob sich von seinem Sitz, um ihn zu begrüßen und zu fragen, wer er sei. Als Fa-jung hörte, daß sein Besucher Tao-hsin war, begrüßte er ihn ehrerbietig und dankte ihm für seinen Besuch, denn er wußte um Tao-hsins Ruf.

Sie wollten ihr Gespräch in der kleinen Hütte Fa-jungs fortsetzen; auf dem Weg dorthin hörte Tao-hsin einen Tiger im Wald brüllen. Er machte eine Geste des Entsetzens und blieb stehen. «Wie ich sehe, seid Ihr dies noch nicht los», bemerkte Fa-jung. Augenblicklich antwortete der Vierte Patriarch: «Was seht Ihr noch?» Darauf wußte der Eremit nichts zu erwidern. Später schrieb der Patriarch das Schriftzeichen für «Buddha» (*fo*) auf den Stein, auf dem Fa-jung in Versunkenheit zu sitzen pflegte. Dessen Gesichtsausdruck verriet Betroffenheit. Der Patriarch sagte: «Wie ich sehe, seid Ihr dies noch nicht los.» Doch Fa-jung konnte den Sinn dieser Bemerkung nicht erfassen und beschwor den Patriarchen, ihn in der tiefgründigen Lehre des Buddhismus zu unterweisen. Dies geschah, und so wurde Fa-jung zum Begründer der Niu-t'ou-Schule des Zen.

Tao-hsin starb im Alter von zweiundsiebzig Jahren im Jahre 651.

Hung-jen, der Fünfte Patriarch, stammte wie sein Vorgänger aus der Provinz Ch'i-chou. Nach dem Tode seines Meisters gründete er ein Kloster auf dem Berge Huang-mei (Ōbai), wo er fünfhundert Schüler im Zen unterwies. Es wird manchmal behauptet, er sei der erste Zen-Meister gewesen, der die Botschaft des Zen gemäß der Lehre des *Vajrachchedikā-Sūtra* zu interpretieren versuchte. Ich stimme mit dieser Ansicht zwar nicht ganz überein, doch können wir sagen, daß mit dem Fünften Patriarchen eine Wende in der Geschichte des Zen einsetzte, die mit dem Sechsten Patriarchen, Hui-neng, schließlich ganz vollzogen wurde. Bis dahin hatten die Zen-Anhänger im stillen gewirkt und möglichst nicht die Aufmerksamkeit der Öffentlichkeit auf sich gezogen; die Meister hatten sich in die Berge zurückgezogen oder ihre Spuren im Getriebe der Welt verwischt, wo niemand etwas Genaues über ihr Woher und Wohin sagen konnte. Doch nun war die Zeit des offenen Auftretens gekommen, und Hung-jen bereitete hierin seinem großen Nachfolger den Weg.

Neben den Patriarchen, die die offizielle Übertragungslinie repräsentierten, gab es im sechsten und siebenten Jahrhundert noch eine Reihe vereinzelter Gestalten des Zen. Etliche von ihnen finden wir erwähnt, doch gab es gewiß noch viele andere, die vergessen oder der Welt gar nicht erst bekannt wurden. Die beiden bekanntesten sind Pao-chih (gest. 514) und Fu-hsi (gest. 569). Wir finden sie im *Dentō-roku* genannt als «Eingeweihte des Zen, doch nicht in der Welt erscheinend, wenn auch wohlbekannt zu ihrer Zeit». Das ist eine eigentümliche Ausdrucksweise, und wir wissen nicht mit Bestimmtheit zu sagen, was «nicht in der Welt erscheinend» bedeutet. Für gewöhnlich bezeichnete man mit diesen Worten jemanden, der keine offizielle Position in einem anerkannten Kloster einnahm, doch unter den so Bezeichneten findet sich zumindest einer, auf den diese Charakterisierung nicht zutrifft: Chih-i war ein Priester, der während der Sui-Dynastie eine sehr einflußreiche Stellung innehatte. Doch wie dem auch sei, alle in diesem Zusammenhang erwähnten Persönlichkeiten gehörten nicht der eigentlichen Zen-Schule an.

Die Anhänger der T'ien-t'ai-(Tendai-)Schule verwahrten sich dagegen, daß zwei ihrer Patriarchen, Hui-ssu und Chih-i, als «Eingeweihte des Zen» bezeichnet wurden. Für sie sind dies zwei große Namen in der Geschichte ihrer Schule, die man nicht einfach der Geschichte des Zen einverleiben kann. Aus der Sicht des Zen ist diese Zuordnung dennoch erklärlich, denn die Tendai-Lehre ist, mit Ausnahme ihrer Metaphysik, eigentlich auch eine Zen-Strömung, die von Bodhidharma ausging und bei mehr praktisch ausgerichteter Entwicklung wohl zu echtem Zen geworden wäre. Doch die metaphysische Seite trat zu stark in den Vordergrund, und so standen die Tendai-Philosophen ständig auf Kriegsfuß mit dem Zen, vor allem mit jenen Vertretern, die das schlußfolgernde Denken, den literarischen Diskurs und das Sūtra-Studium als Mittel der spirituellen Verwirklichung strikt ablehnten. Nach meiner Auffassung ist Tendai eine Variante des Zen, und seine ersten Verkünder dürfen durchaus als Zen-Meister gelten – wenn auch nicht vom Rang eines Shih-t'ou (Sekitō), Yüeh-shan (Yakusan), Ma-tsu (Baso) oder Lin-chi (Rinzai).

So bildeten sich im sechsten und siebenten Jahrhundert also mehrere Zen-Linien, doch die fruchtbarste und lebensfähigste war jene, die sich von Bodhidharma aus lückenlos über Hui-k'o, Seng-ts'an, Tao-hsin und Hung-jen fortsetzte. Die neuerliche Aufspaltung unter dem Fünften Patriarchen durch Hui-neng und Shen-hsiu eliminierte wiederum nebensächliche Elemente und trug zur weiteren Entwicklung des reinen Zen bei. Daß Hui-nengs Schule die andere überlebte, deutet darauf hin, daß dieses Zen am besten mit der chinesischen Geistesart übereinstimmte. In der Gestalt, in der es unter Hui-neng und seinen Nachfolgern in China heimisch wurde, gab es keine inneren Hemmnisse seiner freien Entwicklung mehr, und so wurde es schließlich zu der Kraft, die das Gesicht des Buddhismus in China bestimmte. Betrachten wir nun, auf welche Weise Hui-neng der Nachfolger Hung-jens wurde und worin die Unterschiede seines Zen zu dem der rivalisierenden Schule unter Shen-hsiu bestehen.

HUI-NENG, DER LETZTE PATRIARCH

Hui-neng (E'nō, 638–713) stammte aus Hsin-chou in Südchina. Er hatte seinen Vater früh verloren und verdiente einen kärglichen Lebensunterhalt für seine Mutter und sich damit, daß er Brennholz sammelte und verkaufte. Eines Tages, als er

Brennholz im Ort abgeliefert hatte, hörte er vor dem Haus jemanden ein Sūtra rezitieren. Und bei der Stelle: «Nirgends verweilend, muß der Herz-Geist frei fließen», kam er urplötzlich zu tiefer Erleuchtung. Er fragte den Mann, der das Sūtra rezitierte, aus welchem Sūtra denn diese Stelle sei, und hörte, es sei das *Diamant-Sūtra* (*Vajrachchedikā-Sūtra*). Und auf seine weitere Frage, wo er denn das Sūtra gelernt habe, erfuhr er, daß es bei Meister Hung-jen, dem Fünften Patriarchen, gewesen war, und er beschloß auf der Stelle, dorthin zu gehen. Nachdem Hui-neng seine Mutter durch die Hilfe einiger Nachbarn versorgt sah, machte er sich auf den weiten Weg nach Nordchina zum Berg Huang-mei (Ōbai), wo der Fünfte Patriarch sein Kloster hatte.

Nach langer Wanderschaft gelangte er dorthin, und der Patriarch prüfte ihn:

Hung-jen: «Aus welcher Gegend stammst du, und was willst du suchen?»

Hui-neng: «Der Schüler ist ein Bauer aus Hsin-chou, südlich des Berges, und ist von weither gekommen, dem Meister seine Verehrung zu erweisen, und sucht nichts, als ein Buddha zu werden.»

Hung-jen: «Du bist also ein Mann aus Hsin-chou; also ein Niedriger aus einer abgelegenen Gegend. Wie könntest du fähig sein, ein Buddha zu werden?»

Hui-neng: «Wenn es auch Menschen des Südens oder des Nordens gibt, so ist das Buddha-Wesen an sich ohne Süd und Nord. Der Niedrige und der Meister sind nicht gleich, aber im Hinblick auf unser Buddha-Wesen, welchen Unterschied gibt es da?»

Hui-neng wich also keinen Millimeter vor diesem mächtigen Patriarchen zurück. Natürlich sah Meister Hung-jen sofort, wen er vor sich hatte. Aber vor den anderen Mönchen fuhr er ihn grob an und schickte ihn in die hinteren Quartiere hinter der Küche, damit er dort Holz spalte und die Reismühle trete. Hui-neng gehorchte und arbeitete dort etwa acht Monate lang.

Eines Tages rief der Fünfte Patriarch alle Mönche zusammen, denn er war schon hochbetagt und fühlte sein Ende nahen und wollte einen Dharma-Nachfolger bestimmen. Er sagte den Versammelten, jeder solle einen Vers schreiben, der den Stand seiner Einsicht in das Wahre Wesen wiedergeben solle. Nun gab es in diesem Kloster den Mönchsältesten Shen-hsiu (Jinshū, 605?–706), der hochintelligent und ein Gelehrter war und der selbst (wie auch alle übrigen Mönche) meinte, daß er der Nachfolger von Hung-jen werden würde. Shen-hsiu schrieb also einen Vers und heftete ihn in einem Durchgangskorridor an die Wand, wo er dem Auge des Fünften Patriarchen nicht entgehen konnte. Sein Vers lautete:

Der Leib, das ist der Bodhi-Baum,
der Geist, er gleicht dem klaren Spiegelständer;
wisch ihn denn immer wieder rein,
laß keinen Staub sich darauf sammeln.

Für den Fünften Patriarchen bestätigte dieser Vers natürlich nur, was er längst wußte, nämlich, daß Shen-hsiu durchaus noch nicht wirklich sein Wahres Wesen erfaßt hatte. Aber vor den anderen Mönchen sagte er: «Wir wollen diesen Vers hier hängen lassen. Machen wir die Menschen ihn rezitieren; wenn man sich also übt, wird man nicht auf üble Wege geraten.» Und so rezitierten denn die Mönche diesen Vers, und alle fanden ihn gut.

Schließlich hörte der Küchenjunge, Hui-neng, von diesem Vers. Er sah sofort, daß es mit Shen-hsius Einsicht nicht weit her war, und bat einen Knaben in der Küche: «Ich werde dir einen Vers diktieren; schreibe ihn für mich auf.» (Es heißt, daß Hui-neng zu der Zeit noch nicht schreiben konnte.) Sein Vers lautete:

Im Grunde gibt es keinen Bodhi-Baum,
noch ist der klare Spiegel ein Gestell.
Da alles Leere ist von Anbeginn,
wo heftete sich Staub denn hin?

Als der Fünfte Patriarch diesen Vers las, wußte er, daß sein Urheber tiefe Erleuchtung gefunden hatte. Aber vor den anderen Mönchen ging er wiederum grob darüber hinweg. Doch in der Nacht, als die Mönche schliefen, rief er Hui-neng zu sich. Er war fest entschlossen, diesen zu seinem Dharma-Nachfolger und damit zum Sechsten Patriarchen zu machen. Aber wie hätte er den Mönchen sagen sollen, daß er diesen Küchenjungen, der noch nicht einmal ein Mönch war, zum Sechsten Patriarchen machte? Um Hui-neng vor der Eifersucht der Mönche zu bewahren, erklärte er es nicht öffentlich, solange Hui-neng noch da war.

In dieser letzten Nacht Hui-nengs im Kloster erhielt er vom Patriarchen Gewand und Schale, die äußeren Zeichen der Übermittlung, und wurde zum sechsten Patriarchen erklärt. Hung-jen sagte ihm, er solle, um vor eventuellen Nachstellungen sicher zu sein, noch in derselben Nacht heimlich fortgehen und sich mindestens zehn Jahre in Verborgenheit halten. Es wurden fünfzehn Jahre.

Diese Erzählung stammt aus Aufzeichnungen der Nachfolger des Sechsten Patriarchen und zeigt natürlich eine gewisse Voreingenommenheit für seine Person. Besäßen wir Zeugnisse über Shen-hsiu und seine Schule, so müßte der hier wiedergegebene Bericht vielleicht in manchem ganz anders aussehen. Wir besitzen allerdings ein Dokument, das uns über Shen-hsius Beziehung zu Hung-jen Auskunft gibt. Es ist die Gedenkinschrift auf seinem Grabstein, die von Chang-shuo, einem seiner Laienschüler, geschrieben wurde. Hier wird Shen-hsiu als derjenige genannt, dem Hung-jen den Dharma übertrug. Wir können demnach davon ausgehen, daß Hui-nengs Autorität als Patriarch nicht unumstritten war oder daß die rechtmäßige Nachfolge erst einige Zeit später endgültig geklärt wurde, als Hui-nengs Schule sich als die lebens- und entwicklungsfähigste erwiesen hatte. Leider sagt die Grabinschrift nichts über die Beziehung Hui-nengs zum Fünften Patriarchen, doch können wir auch der oben wiedergegebenen Erzählung manches entnehmen, was uns die Geschichte des Zen ein wenig erhellt.

Zunächst, war Hui-neng wirklich der ungebildete Analphabet, als der er hier dargestellt wird, oder bestand eine Notwendigkeit, ihn gegenüber dem hochgelehrten Shen-hsiu so darzustellen? Denn immerhin finden wir in dem ihm zugeschriebenen Werk *Des Sechsten Patriarchen Sūtra* (*gesprochen*) *vom Podium des Dharma-Schatzes* (*Liu-tsu-ta-shih fa pao t'an-ching*, kurz *T'an-ching*, jap. *Rokuso daishi Hōbōdan-gyō*, kurz *Dan-gyō*), auch *Podium-Sūtra* genannt, das neben seiner Biographie auch seine Darlegungen und Aussprüche enthält, Zitate aus etlichen Sūtras. Zeigt das nicht, daß dem Autor die Mahāyāna-Literatur nicht ganz fremd war? Vermutlich war er nicht so gelehrt wie Shen-hsiu, doch in den Berichten über sein Leben erkennen wir so etwas wie ein systematisches Bemühen, ihn als besonders ungebildet darzustellen. Meines Erachtens liegt in der Hervorhebung des Gegensatzes zwischen den beiden herausragenden Schülern des Fünften Patriarchen das Bemühen, die Unabhängigkeit der Zen-Erfahrung von Belesenheit und Intellektualität herauszustellen. Wenn Zen, wie es in den vier Grundaussagen heißt, «eine besondere Überlieferung außerhalb der orthodoxen Lehre» ist, muß es auch für die Unbelesenen und nicht zum Philosophieren Neigenden einen Zugang geben. Hui-nengs Größe als Zen-Meister erscheint hierdurch einfach noch strahlender.

Zum anderen: Weshalb wurde das Patriarchengewand und damit das Patriarchat über Hui-neng hinaus nicht mehr weitergegeben? Wenn Hung-jen, wie es heißt, ihm auftrug, das Gewand nicht mehr weiterzugeben – was impliziert dieser Auftrag? Daß das Leben seines Inhabers bedroht war, deutet darauf hin, daß es unter den Schülern Hung-jens Uneinigkeit gab. Betrachteten sie das Gewand als Symbol der Patriarchen-Autorität? Doch welche materiellen oder spirituellen Vorteile erwuchsen aus seinem Besitz? War Bodhidharmas Lehre vielleicht inzwischen als echte Übermittlung des Buddha-Dharma anerkannt, so daß es keiner solchen äußeren Zeichen für die Übertragung der Wahrheit des Zen mehr bedurfte? Das scheint darauf hinzuweisen, daß Bodhidharma tatsächlich als Häretiker angesehen wurde und Anfeindungen ausgesetzt war, als er sich als Zen-Meister zu erkennen gab. Die Legende, daß er von anderen Lehrern aus Indien vergiftet wurde, spricht ebenfalls dafür. Jedenfalls hängt die Frage des Gewandes sehr eng mit dem damaligen Status der Zen-Lehre unter den anderen buddhistischen Schulen zusammen und scheint auch zu zeigen, daß Zen allmählich in das Bewußtsein auch breiterer Schichten eindrang.

Zum dritten fesselt natürlich das «konspirative» Element in der Beziehung zwischen Hung-jen und Hui-neng unsere Aufmerksamkeit. Daß ein Küchenjunge, der nicht einmal ordinierter Mönch war, in den Rang des Patriarchen erhoben wurde, des Nachfolgers eines großen Meisters mit Hunderten von Schülern – das scheint wirklich ein guter Grund zu sein für Neid und Eifersucht, ja sogar Haß. Andererseits, wenn jemand tief genug erleuchtet ist, um spiritueller Führer vieler Menschen zu sein, hätten Meister und Schüler dann nicht in der Lage sein müssen, gemeinsam allem Widerstand zu begegnen? Nun, vielleicht vermag nicht einmal Erleuchtung etwas gegen so irrationale und elementare menschliche Leidenschaft. Mir drängt sich allerdings der Gedanke auf, daß Hui-nengs Biographen auch hier vielleicht ein wenig dramatisiert haben. Gut möglich, daß ich mich irre und daß noch andere Umstände eine Rolle spielten, von denen wir heute nichts mehr wissen.

Den weiteren Fortgang der Geschichte von Hui-nengs Flucht aus dem Kloster erzählt das *Wu-men-kuan*:

Der Sechste Patriarch wurde einst von dem Mönch Ming (Myō) bis zum Berge Ta-yü verfolgt. Als der Patriarch Ming kommen sah, legte er Gewand und Schale auf einen Felsen und sagte: «Dieses Gewand stellt den Glauben dar; nicht sollte gewaltsam darum gestritten werden. Ich überlasse dir, es zu nehmen.»

Alsbald wollte Ming es aufheben, doch es war schwer wie ein Berg und rührte sich nicht. Erschreckt und bebend sagte Ming: «Ich kam, um den Dharma zu suchen, nicht um des Gewandes willen. Ich bitte Euch, offenbart ihn mir.»

Der Patriarch sagte: «Nicht gut denkend, nicht böse denkend, was ist in eben diesem Augenblick das Ur-Antlitz von Mönch Ming?»

Hierbei kam Ming plötzlich zu tiefer Erleuchtung. Sein Körper war schweißbedeckt. Während ihm die Tränen nur so strömten und indem er sich niederwarf, sagte er: «Außer diesen soeben gesagten geheimen Worten, außer diesem geheimen Sinn, gibt es da noch etwas Bedeutsames oder nicht?»

Der Patriarch sagte: «Was ich dir grad gesagt habe, ist durchaus nicht geheim. Wenn du dein Wahres Wesen erlebst, so ist das Geheime dir nah.»

Ming sagte: «Obgleich ich mit den anderen Mönchen bei Huang-mei (ein anderer Name für Hung-jen) war, bin ich meines Ur-Angesichts doch nicht innegeworden. Jetzt, dank Eurer Unterweisung, weiß ich, es ist wie bei einem Menschen, der Wasser trinkt und selbst weiß, ob es kalt oder warm ist. Jetzt ist der Laienbruder mein Meister.»

Der Patriarch sagte: «Wenn es also mit dir steht, laß uns beide Huang-mei zum Meister haben. Bewahre gut, was du erlebt hast.»*

Wie die historischen Umstände seines Lebens im einzelnen auch ausgesehen haben mögen, in dieser Frage Hui-nengs nach dem «Ur-Antlitz» erkennen wir einen neuen Geist, der eine lange Entwicklungsgeschichte des Zen begründete und Hui-neng wahrlich zum rechtmäßigen Inhaber des Patriarchengewandes machte. Gerade dieser Ausdruck zeigt sehr deutlich, welche neue Richtung Hui-neng dem aus Indien überkommenen Dhyāna-Buddhismus zu geben vermochte. Die spezifisch buddhistische Ausdrucksweise spielt hier keine Rolle mehr, sondern Hui-neng fand einen Weg, seine tiefe

* *Wu-men-kuan*, 23. Beispiel.

Erfahrung der Wahrheit des Zen unmittelbar schöpferisch zum Ausdruck zu bringen. Vor ihm hatte die Darlegung der Zen-Erfahrung sich in Ausdrucksweise oder Methode an bereits bestehende Formen anlehnen müssen und war daher nie direkt genug. Sätze wie «Du bist der Buddha» oder «Der Buddha lebt in dir» sind letztlich abstrakte, zur Formel geronnene Ausdrücke und daher schal und nichtssagend. Sie enthalten wohl eine tiefe Wahrheit, sind jedoch nicht konkret und lebendig genug, um unsere schlafende Seele aus ihrer Stumpfheit aufzurütteln. Gerade in seiner Schlichtheit konnte Hui-neng die Wahrheit in ihrer ganzen Frische und Soheit erfassen. Wir werden darauf noch zurückkommen.

DIE NÖRDLICHE UND DIE SÜDLICHE SCHULE

Hung-jen starb im Jahre 674, vier Jahre* nach der Übertragung des Dharma auf Hui-neng. Er wurde dreiundsiebzig Jahre alt. Hui-neng lebte gemäß dem Auftrag seines Meisters noch etliche Jahre zurückgezogen in den Bergen, bevor er seine eigentliche Mission begann. Er soll neununddreißig Jahre alt gewesen sein, als er sich dazu aufmachte.

In der Provinz Kuang, so erfahren wir in seiner Lebensgeschichte, gelangte er zu einem Kloster, dessen Abt, Yin-tsung, gelehrte Vorträge über das *Nirvāna-Sūtra* hielt. Was hier geschah, wird im *Wu-men-kuan* berichtet:

Der Wind bewegte eine Klosterfahne. Da waren zwei Mönche, die stritten darüber. Der eine sagte: «Die Fahne bewegt sich.» Der andere sagte: «Der Wind bewegt sich.» Sie stritten hin und her und kamen nicht zu vernünftiger Einsicht (konnten sich nicht einigen).

Der Sechste Patriarch sagte: «Es ist nicht der Wind, der sich bewegt, es ist nicht die Fahne, die sich bewegt. Es ist euer Bewußtsein, das sich bewegt.»

* Andere Quellen geben hier allerdings bis zu fünfzehn Jahre an.

Die beiden Mönche waren betroffen vor Ehrfurcht.*

Der gelehrte Abt Yin-tsung hörte von dieser Antwort und war verblüfft von dieser so endgültigen und ohne jede Spur von Zweifel geäußerten Bemerkung Hui-nengs. Er bat Hui-neng zu sich und befragte ihn nach seiner Herkunft. Nun erst, nach fünfzehn Jahren, gab Hui-neng sich als Dharma-Nachfolger des Fünften Patriarchen zu erkennen, und Yin-tsung bat ihn darum, ihn in der Lehre des Meisters vom Berge Huang-mei zu unterweisen. Das Kernstück von Hui-nengs Antwort lautet:

> Mein Meister hatte keine besondere Unterweisung; er betonte einfach immer wieder die Notwendigkeit, durch eigenes Bemühen unser eigenes Wahres Wesen zu schauen. Mit Meditation oder Befreiung hatte er nichts im Sinn, denn was benannt werden kann, führt in die Dualität, und am Buddhismus ist nichts Dualistisches. Dieser Nicht-Dualität der Wahrheit gewahr zu werden, das ist das Ziel des Zen. Das Buddha-Wesen, das uns allen zu eigen ist und dessen Schau Zen ist, läßt sich nicht in Gegensätze wie gut und böse, ewig und zeitlich, materiell und spirituell aufspalten. Daß wir Dualität im Leben sehen, geht auf verblendetes Denken zurück; die Weisen, die Erleuchteten, schauen die Wirklichkeit der Dinge, ungehindert durch irrige Ideen.

Das war der Beginn seiner Laufbahn als Zen-Meister. Sein Wirken scheint von unmittelbarem und weitreichendem Einfluß gewesen zu sein. Die Zahl seiner Schüler ging in die Tausende. Er zog jedoch nie aus, um zu predigen und «Reklame» zu machen, sondern blieb im Süden, hauptsächlich im Pao-lin-Kloster von T'sao-ch'i.

Als der Kaiser Kao-tsung erfuhr, daß Hui-neng in der von Bodhidharma ausgehenden chinesischen Übertragungslinie

* *Wu-men-kuan*, 29. Beispiel.

des Zen der Nachfolger des Fünften Patriarchen geworden war, sandte er ihm einen seiner Hofbeamten mit einer kaiserlichen Botschaft, doch Hui-neng folgte dem Ruf in die Hauptstadt nicht, sondern blieb lieber in den Bergen. Der Botschafter wünschte in der Zen-Lehre unterwiesen zu werden, um sie dem Kaiser vermitteln zu können. Was Hui-neng ihm sagte, war im wesentlichen dies:

> Es ist verfehlt zu glauben, in stille Betrachtung versunken dazusitzen sei entscheidend für die Befreiung. Die Wahrheit des Zen eröffnet sich von innen her und hat nichts mit der Übung von Dhyāna zu tun. Denn wir lesen im *Vajrachchedikā-Sūtra*, daß jene, die den Tathāgata in einer seiner besonderen Haltungen zu sehen versuchen, sitzend oder liegend, seinen Geist nicht erfassen und daß der Tathāgata der Tathāgata genannt wird, weil er nirgendwoher kommt und nirgendwohin geht, und aus diesem Grund ist er der Tathāgata. Sein Erscheinen hat kein Woher, sein Entschwinden kein Wohin, und das ist Zen. Im Zen gibt es daher nichts zu gewinnen, nichts zu verstehen; was soll uns also dieses Mit-verschränkten-Beinen-Sitzen und Dhyāna-Üben? Manch einer mag denken, Verstehen sei notwendig, um Licht in das Dunkel des Nicht-Wissens zu bringen, doch die Wahrheit des Zen ist absolut, und in ihr ist weder Zweiheit noch Bedingtheit. Von Verblendung und Erleuchtung zu sprechen oder von Bodhi und Klesha (Weisheit und Leidenschaft), als wären sie getrennte Dinge, die nicht zu vereinen sind, das ist nicht Mahāyāna. Im Mahāyāna wird jedwede Zweiheit abgelehnt, denn sie kann niemals ein Abbild der Wahrheit sein. Alle Dinge sind Erscheinungsformen des Buddha-Wesens, und dieses ist nicht durch Leidenschaft zu beflecken oder durch Erleuchtung zu läutern. Es steht über allen Benennungen. Wenn du zu sehen wünschst, was das Wesen deines Seins ist, so mache dich frei von allen vergleichenden Gedanken, und du wirst sehen, wie er in sich selbst ruht und doch voller Leben ist.

Shen-hsiu wirkte unterdessen im Norden Chinas. Ursprünglich ein gelehrter Konfuzianist, bot er ein ganz anderes Bild eines Zen-Meisters als Hui-neng. Der Kaiser Wu der T'ang-Dynastie war einer der ergebenen Anhänger Shen-hsius, und mit ihm waren es natürlich viele Höflinge und Regierungsbeamte. Als Kaiser Chung-tsung im Jahre 685 den Thron bestieg, wurde Shen-hsiu mit noch größerer Ehrerbietung behandelt, und einer der Staatsminister versah sogar den Gedenkstein auf seinem Grab mit einer Inschrift, die einen Abriß seines Lebens gab und zugleich Lobrede war. Unter den von seinen Anhängern aufgezeichneten Worten Shen-hsius findet sich das folgende:

> Die Lehre aller Buddhas
> ist immer schon im eigenen Geist:
> Den Geist außerhalb von sich selbst zu suchen,
> ist, als liefe man vom Vater fort.

Er starb im Jahre 706, sieben Jahre vor Hui-neng. Seine Schule entwickelte sich im Norden zunächst vielversprechender als Hui-nengs Schule im Süden. Doch mit den beiden großen Meistern Ma-tsu (709–788) und Shih-t'ou (700–790) festigte sich die Bewegung im Süden, während es in der «Nördlichen Schule» an fähigen Nachfolgern mangelte, so daß sie nach einigen Generationen schließlich erlosch; was wir an Aufzeichnungen über diese Linie besitzen, stammt größtenteils aus der «Südlichen Schule». So gelangte Hui-neng schließlich zur unbestrittenen Anerkennung als sechster Patriarch des Zen in China.

Der Unterschied zwischen der Südlichen und der Nördlichen Schule liegt in der Natur des menschlichen Geistes begründet. Wenn wir die eine Schule als intellektuell oder intuitiv bezeichnen, so wäre die andere pragmatisch zu nennen. Die Südliche Schule ist auch als die «Schule der plötzlichen Erleuchtung» bekannt gegenüber der Nördlichen «Schule der allmählichen Erleuchtung». Der Unterschied liegt allerdings nur darin, daß man in der Südlichen Schule mehr auf das Erleuchtungserlebnis selbst blickte, das augenblicklich und ohne jede Abstufung eintritt, während die Nördliche Schule ihr Augenmerk auf den Weg zu diesem Ereignis richtet, der natürlich viel Zeit erfordert und eine Fülle verschiedener Phasen aufweist. Unter diesem Gesichtspunkt könnten wir Huineng als einen Vertreter des absoluten Idealismus betrachten, während Shen-hsiu ein Realist war, der nicht an der relativen Welt der Phänomene vorbeisehen mochte, in der die Zeit all unser Tun regiert. Auch ein Idealist muß nicht unbedingt die objektive Seite der Wirklichkeit ignorieren, doch hat er stets den einen, absoluten Punkt vor Augen, von dem aus er alle relativen Dinge betrachtet.

Die Lehre der plötzlichen Erleuchtung ist Ausdruck einer Schau, der sich die Vielfalt der Dinge als absolute Einheit darstellt. Alle wahren Mystiker gehören der «plötzlichen» Schule an. Das «Hinfliehen vom Einen zum Einen» (Plotin) ist kein allmähliches Fortschreiten und kann es nicht sein. Shen-hsius Lehre ist wertvoll als praktische Unterweisung für all jene, die wirklich den Zen-Weg gehen, doch sie geht an dem vorbei, was seit Bodhidharma die «Schau des eigenen Wesens» genannt wird und die Essenz des Zen darstellt. Die Zen-Erfahrung kann nichts anderes sein als ein augenblicklicher Akt der Intuition, und so ist es nicht verwunderlich, daß die Nördliche Schule nicht lange überlebte. Indem Shen-hsiu dem Prozeß, der zum Ziel führen soll, den Vorrang gab, verfehlte er das, worum es im Zen letztlich geht. Er war jedoch ein ausgezeichneter Lehrer in allen praktischen Belangen.

Die Unterscheidung des «Plötzlichen» und «Allmählichen» stammt ursprünglich aus dem *Lankāvatāra-Sūtra* (Nanjō-Ausgabe, S. 55), wo sie im Hinblick auf die Entledigung des Geistes vom Strom der Ideen und Bilder getroffen wird. Es heißt dort, diese Reinigung geschehe einerseits schrittweise, andererseits jedoch urplötzlich. Vergleicht man sie dem Reifen einer Frucht, dem Formen eines Gefäßes, dem Wachsen einer Pflanze oder dem Erlernen einer Kunstfertigkeit, so ist sie etwas, das schrittweise in der Zeit geschieht; denkt man jedoch an einen Spiegel, der Gegenstände reflektiert, oder an das Ālaya, das alle mentalen Bilder hervorbringt, so geschieht die Reinigung des Geistes in einem Augenblick. Das Sūtra geht also von zwei verschiedenen geistigen Grundverfassungen aus: Manche können diese Reinigung bis hin zur Erleuchtung durch beharrliche meditative Praxis und vielleicht im Verlauf vieler Leben schrittweise vollziehen, während sie bei anderen urplötzlich eintreten kann, ja sogar ohne vorheriges bewußtes Streben in dieser Richtung.

Der Gegensatz der beiden chinesischen Zen-Schulen beruht jedoch nicht nur auf den Aussagen des Sūtra, sondern letztlich auf psychologischen Gegebenheiten. Zur Diskussion stand eigentlich nicht die Frage der Zeit, und ob die Erleuchtung als Augenblicksphänomen aufzufassen sei oder nicht, interessierte die Kontrahenten immer weniger, denn diese Differenz entwickelte sich zu unterschiedlichen Auffassungen vom Wesen der Erleuchtung überhaupt.

Betont man den Vorgang, so gerät das Ziel in Vergessenheit, und allmählich wird der Vorgang selbst das Ziel. Als ein Schüler von Shen-hsiu zu Hui-neng kam, um von ihm unterwiesen zu werden, wurde er von diesem gefragt, was die Lehre seines Meisters sei. Er antwortete: «Mein Meister lehrt uns, die Regungen des Geistes anzuhalten und für lange Perioden, ohne uns niederzulegen, in Meditation versunken still dazusitzen.»

Darauf erwiderte Hui-neng: «Die Regungen des Geistes anzuhalten und in Meditation versunken still dazusitzen ist eine Krankheit und nicht Zen, und nicht der geringste Gewinn ist von solchem ausdauernden Sitzen zu erwarten.»

Dann rezitierte er ihm eine Gāthā:

Im Leben sitzt man und liegt nicht,
im Tod liegt man und sitzt nicht;
ein übelriechendes Skelett!
Wozu sich derart schinden und plagen?

Darin zeigt sich genau, wo Hui-neng im Vergleich zu Shen-hsiu steht, der gänzlich von den praktischen Details der Zen-Schule in Anspruch genommen ist. Schon die beiden Gāthās, die sie als Schüler des Fünften Patriarchen an die Wände des Klosters geheftet hatten, lassen in charakteristischer Weise erkennen, worin sich ihre beiden Schulen unterscheiden würden.*

Als Hui-neng den Mönch aus dem Norden weiter über die Lehre seines Meisters hinsichtlich der Moralität (*shīla*), der Meditation (*dhyāna*) und der Weisheit (*prajñā*) befragte, antwortete dieser: «Nach den Worten meines Meisters Hsiu besteht Moral darin, nichts Schlechtes zu tun; Weisheit ist die ehrfurchtsvolle Übung alles Guten; und Meditation ist die Läuterung des Herzens.»

Hui-neng erwiderte: «Meine Ansicht ist ganz anders. Was ich lehre, beruht auf dem Selbst-Wesen, und all jene, die meinen, es gebe etwas außerhalb dieses Selbst-Wesens, verraten damit, daß sie nichts davon wissen. Moral, Meditation und Weisheit – sie alle sind Erscheinungsformen des Selbst-Wesens. Wenn nichts Falsches in ihm ist, haben wir Moralität; wenn es frei von Verblendung ist, ist es Weisheit; und wenn es nicht aufgerührt ist, ist es Meditation. Begreife einmal zutiefst dieses Selbst-Wesen, und du weißt, daß nichts Dualistisches in ihm zu finden ist; denn hier gibt es nichts, was du als Erleuchtung oder Verblendung oder Befreiung oder Wissen herauslösen kannst, und doch ersteht aus diesem Nichts eine Welt von Einzeldingen als Gedanken-Objekte. Wer einmal Einblick in sein eigenes Wesen gewonnen hat, der bedarf keiner besonderen Haltung mehr als Form der Meditation; alles ist ihm gleich gut, Sitzen, Gehen, Liegen oder Stehen. Er

* Die Berichte über die Kontroverse zwischen Shen-hsiu und Hui-neng mögen historische Tatsachen schildern oder nicht – sie beweisen auf jeden Fall, daß es starke Rivalitäten zwischen der Nördlichen und der Südlichen Schule gab. Das *T'an-ching*, das «Sūtra des Sechsten Patriarchen», erweckt geradezu den Eindruck, als sei es einzig mit der Absicht geschrieben, die Gegner der «plötzlichen» Schule zu widerlegen.

erfreut sich vollkommener Freiheit des Geistes, er folgt seinen Regungen und tut doch nichts Unrechtes; er handelt stets in Übereinstimmung mit seinem Selbst-Wesen, sein Tun ist Spiel. Das nenne ich ‹Schau des eigenen Wesens›, und dieses Schauen geschieht ohne Zeitverzug, genau wie sein Tun, denn es gibt keine Übergänge zwischen dem Vorausgehenden und dem Folgenden.»

VON DHYĀNA ZU ZEN

Einige der Unterweisungen des Sechsten Patriarchen sind uns im *Fa-pao-t'an-ching*, dem *Sūtra vom Podium des Dharma-Schatzes*, auch *Podium-Sūtra* genannt, erhalten geblieben. Der Titel «Sūtra» ist im allgemeinen den Aufzeichnungen der Buddha-Worte vorbehalten, und er zeigt uns in diesem Zusammenhang, welches Ansehen Hui-neng genoß und welch bedeutende Rolle er in der Geschichte des chinesischen Buddhismus gespielt haben muß. Der Titel *Podium-Sūtra* hat einen Bezug zu dem berühmten Ordinations-Podium, das Gunabhadra (Li-sung-Dynastie, 420–479), der erste Übersetzer des *Lanka-ɫvatāra-Sūtra*, errichtete. Zu jener Zeit gab es die Prophezeiung, einige Jahre später werde ein Bodhisattva auf diesem Podium ordiniert werden und über das «Geist-Siegel» des Buddha sprechen. Im Titel *Podium-Sūtra* schwingt also mit, daß von diesem Podium aus authentische Zen-Unterweisung gegeben wird.

Diese Aufzeichnungen sind nur ein kleiner Teil der Darlegungen, die Hui-neng während der siebenunddreißig Jahre seiner aktiven Lehrtätigkeit gab. Und was von diesen Fragmenten als echt gelten darf, ist eine Frage, auf die wir gegenwärtig keine definitive Antwort geben können, denn das Werk scheint allerlei Wechselfällen ausgesetzt gewesen zu sein, worin sich wohl unter anderem auch zeigt, daß die Zen-Botschaft des Sechsten Patriarchen in vieler Hinsicht so ungewöhnlich war, daß sie zu Mißverständnissen und Gegnerschaft Anlaß gab. Auf dem Höhepunkt dieser Anfeindungen soll das Buch als unvereinbar mit der echten Lehre des Buddhismus verbrannt worden sein. Dennoch können wir das *Podium-Sūtra*, mit Ausnahme weniger Sätze und Passagen, die leicht als unecht zu erkennen sind, als getreuen Ausdruck des Geistes und der Lehre des Sechsten Patriarchen betrachten.

Die Hauptgedanken Hui-nengs, die ihn zum eigentlichen Begründer des chinesischen Zen-Buddhismus machen, lassen sich in den folgenden vier Punkten zusammenfassen:

1. Wir können sagen, Zen sei erst durch Hui-neng zu seinem eigenen Bewußtsein gelangt. Als Bodhidharma es von Indien nach China brachte, konnte es seine besondere Botschaft noch nicht in vollem Umfang vermitteln, obgleich es von der chinesischen Erde angenommen wurde. Erst zwei Jahrhunderte später wurde es seiner selbst ganz bewußt und konnte sich so vermitteln, wie es der chinesischen Geistesart entsprach. Erst mit Hui-neng war also die Verpflanzung ganz gelungen, und nun konnten seine Schüler darangehen, es wirklich auszuschöpfen. Was also verstand Hui-neng unter Zen?

Für ihn ist Zen die «Schau des eigenen Wesens», und dies ist der bedeutsamste Ausdruck, den wir überhaupt in der Geschichte des Zen finden können. Dies ist der Kern, an dem Zen sich kristallisierte, und von da an war klar, worauf unsere Bemühungen sich zu richten haben und welches Grundverständnis des Zen uns leiten soll. Von diesem Punkt an nahm Zen einen rapiden Aufschwung. Gewiß, dieser Ausdruck wird auch Bodhidharma zugeschrieben, doch erstens wissen wir darüber nichts Verläßliches, und zweitens kann es sein, daß er ihn noch nicht als Ausdruck für die Essenz des Zen betrachtete, als das, was diese Schule von allen anderen Schulen des Buddhismus abhob. Bei Hui-neng sehen wir, daß er sich der Tragweite dieses Ausdrucks voll bewußt war, denn er bemühte sich stets darum, ihn seinen Zuhörern nahezubringen. Seine erste Darlegung des Zen vor einem anderen Menschen nach den Jahren der Zurückgezogenheit war unmißverständlich. Er sagte zu dem schon erwähnten Yintsung: «Wir sprechen vom Schauen in das eigene Wesen, nicht von Dhyāna-Übung und nicht vom Erlangen der Freiheit.» Alle seine späteren Darlegungen vertiefen diesen Grundgedanken.

«Wesen» bedeutet hier Buddha-Wesen oder, wie wir auch sagen könnten, Prajñā. Hui-neng sagt, daß Prajñā jedem von uns zu eigen ist, daß jedoch das verblendete Denken uns daran hindert, es in uns zu realisieren. Deshalb müssen wir von einem Eingeweihten unterwiesen und geführt werden, wenn unser spirituelles Auge geöffnet werden soll, damit wir selbst das Wesen schauen können. Dieses Wesen kennt keine Vielheit; es ist absolute Einheit, ein und dasselbe beim Unwissenden und beim Weisen. Der scheinbare Unterschied beruht allein auf Verwirrung und Verblendung. Man mag noch soviel über Prajñā nachdenken und reden, das alles ist nichtig, wenn man es nicht im eigenen Geist realisiert. Es ist, als redete man den ganzen Tag über Essen – davon wird niemand satt. Man mag sich zehntausend Jahre lang über die Shūnyatā-Philosophie auslassen, solange man nicht das eigene Wesen geschaut hat, ist das völlig müßig. Andere wiederum meinen, Zen bestehe darin, still dazusitzen mit einem Geist, der aller Gedanken und Gefühle entleert ist. Sie wissen nicht, was Prajñā ist, was Geist ist. Der Geist ist frei und schöpferisch und zugleich seiner selbst inne. Er erkennt alles im Einen und das Eine in allem. Er erfüllt das Universum und ruht nie von der Arbeit aus. Dieses wundersame Wirken von Prajñā ist Ausfluß deines eigenen Wesens. Verlaß dich nicht auf Schriften, sondern laß deine eigene Prajñā in dir aufscheinen.

2. Daraus ging unmittelbar die «plötzliche» Lehre der Südlichen Schule hervor. Das Sehen ist ein Augenblicksphänomen insoweit, als das geistige Auge die ganze Wahrheit mit einem Blick aufnimmt, die Wahrheit, die alle Dualität transzendiert;

und es ist plötzlich insoweit, als es keine Schritte, keine gestufte Entwicklung kennt. Die folgende Passage aus dem *Podium-Sūtra* faßt das Wesentliche zusammen:

> Wenn die plötzliche Lehre erfaßt wurde, bedarf es nicht mehr der Disziplinierung in äußeren Dingen. Laß einen Menschen stets die rechte Anschauung in seinem eigenen Geist hegen, und keine Begierde, kein äußeres Ding wird ihn je beflecken. Das ist das Schauen in sein Wesen. O meine Freunde, habt keine feste Wohnstatt innen oder außen,* und euer Lebenswandel wird vollkommen frei und ungehemmt sein. Laßt ab von eurem Anhaften, und euer Schritt wird kein Hindernis mehr kennen . . . Die Unwissenden werden weise, wenn sie plötzlich Einsicht gewinnen und ihr Herz der Wahrheit öffnen. Freunde, selbst die Buddhas werden wie wir gewöhnliche Sterbliche sein, wenn sie keine Erleuchtung haben, und selbst wir Sterblichen werden Buddhas sein, wenn wir erleuchtet werden. Daher wissen wir, daß alle Dinge in unserem eigenen Geist sind. Warum also schauen wir nicht augenblicklich in unseren eigenen Geist, um dort die Wahrheit der Soheit zu finden? Im *Sūtra vom moralischen Lebenswandel des Bodhisattva* lesen wir, daß wir alle rein sind in unserem Selbst-Wesen und daß wir dieses Wesen schauen und Buddha-

* Dies ist der wiederkehrende Grundton in den Lehren der *Prajñāpāramitā-Sūtras*: sein Denken dort zu erwecken, wo es keinerlei Wohnstatt mehr gibt. Meister Jōshū kam einmal zu Meister Ungo, und jener fragte: «Alter Meister, wie kommt es daß Ihr Euch keine Wohnstatt sucht?» Jōshū sagte: «Wo ist meine Wohnstatt?» Ungo sagte: «Da gibt es eine alte Tempelruine am Fuße dieses Berges.» Jōshū sagte: «Das ist ein geeigneter Ort für Euch selbst, Alter.» Später kam er zu Shūyūsan, der ihm die gleiche Frage stellte: «Alter Wanderer, weshalb laßt Ihr Euch nicht nieder?» Jōshū sagte: «Wo ist der Ort, an dem ich mich niederlassen könnte?» Shūyūsan sagte: «Wahrhaftig, dieser alte Wanderer weiß nicht einmal, wo er sich niederlassen soll.» Jōshū sagte: «Dreißig Jahre lang habe ich Pferde zugeritten, heute wurde ich von einem Esel herumgestoßen.»

schaft erlangen werden, wenn wir unseren eigenen Geist erkennen. Und so heißt es im *Vimalakīrti-Sūtra*: «Ein plötzliches Sich-Öffnen führt uns in den Ursprünglichen Geist.» Ihr guten Freunde, unter meinem Meister Hung-jen realisierte ich die Wahrheit in dem Augenblick, da ich ihn sprechen hörte, und gewann urplötzlich Einblick in das Wahre Wesen der Soheit. Daher bemühe ich mich nun mit Hilfe dieser Lehre, die Wahrheitssucher zur urplötzlichen Verwirklichung von Bodhi zu führen. Wenn ihr in euren Geist schaut, so seht ihr sofort, was das Ursprüngliche Wesen ist . . .
Die aus sich selbst wissen, schauen nicht aus nach etwas Äußerem. Wer aber der Ansicht ist, die Befreiung komme durch äußere Hilfe, durch den Dienst eines guten, weisen Freundes, der befindet sich gänzlich im Irrtum. Weshalb? Es ist ein Erkennender in eurem eigenen Geist, und der ist es, der euch die Wahrheit aus eigenem Vermögen schauen läßt. Wenn Verwirrung in euch herrscht und ihr falsche Anschauungen hegt, mögen gute, weise Freunde euch noch soviel lehren, es wird zu eurer Erlösung nichts beitragen. Wenn jedoch eure wahre Prajñā aufleuchtet, werden alle eure verwirrten Gedanken augenblicklich verschwinden. Indem ihr so erkennt, was euer Selbst-Wesen ist, erreicht ihr die Buddhaschaft durch dieses eine Begreifen, dieses eine Erkennen.

3. Wo auf die Schau des eigenen Wesens der größte Wert gelegt wird und das intuitive Begreifen über Gelehrsamkeit und Philosophie gestellt wird, da gewinnt der Begriff «Meditation» einen neuen Sinn. Eben dies geschah auch im Falle des Sechsten Patriarchen. Im Buddhismus hat es von Anfang an zwei Auffassungen von Meditation gegeben: Die eine – vertreten etwa durch Ārada und Udraka, die beiden Lehrer des Buddha – verstand darunter das Aussetzen aller psychischen Aktivitäten, die Säuberung des Bewußtseins von allem Wirken; für die andere war Meditation einfach das wirksamste

Mittel für den Zugang zur höchsten Wirklichkeit. Auf diesen grundsätzlichen Unterschied der Anschauung war es auch zurückzuführen, daß Bodhidharma bei den chinesischen Buddhisten, Gelehrten und Dhyāna-Meistern anfangs so unbeliebt war. Ebenfalls spielte er eine Rolle für die Meinungsverschiedenheiten zwischen der Niu-t'ou-Schule des Zen und der Lehre des Vierten Patriarchen, aber auch für die spätere Spaltung in die Nördliche und die Südliche Schule. Hui-neng lehnte die gleichsam statische Interpretation von Dhyāna ab und legte größten Wert auf den Einsichts-Aspekt. Für ihn war der Geist im Zustand tiefer meditativer Versunkenheit nicht ein bloßes Sein, eine Abstraktion ohne Inhalt und Wirken. Er wollte erfassen, was den Grund alles körperlichen und geistigen Geschehens bildet, und das kann unmöglich einfach ein geometrischer Punkt sein, sondern mußte die Quelle der Energie und Erkenntnis sein. Er vergaß nie, daß der Wille die letzte Wirklichkeit ist und daß Erleuchtung mehr sein muß als intellektuelles Durchdringen, mehr als stille Kontemplation der Wahrheit. Der Geist, das Selbst-Wesen, mußte in seinem ganzen Wirken erfaßt werden. Im Dhyāna konnte es also nicht darum gehen, das Wirken des Selbst-Wesens zu unterbinden; vielmehr kam es darauf an, in seinen Strom einzutauchen und es darin ganz zu ergreifen. Deshalb können wir Hui-nengs Auffassung dynamisch nennen. In den folgenden Dialogen zwischen Hui-neng und seinen Schülern finden wir zwar noch die alte Terminologie, aber was ich hier zu erläutern versuche, wird dennoch deutlich.

Hsüan-chiao studierte zunächst die T'ien-t'ai-Philosophie, und später, als er das *Vimalakīrti-Sūtra* las, entdeckte er sein Selbst-Wesen. Man riet ihm, den Sechsten Patriarchen aufzusuchen, um seine Erfahrung bestätigen zu lassen, und so kam er nach Ts'ao-ch'i. Er umschritt den Meister dreimal und blieb mit aufgerichtetem Stab vor ihm stehen.

Der Meister sagte: «Die Mönche haben dreihundert Regeln des Verhaltens und achtzigtausend kleinere zu beachten; woher kommst du, so voller Stolz?»

«Die Frage von Leben und Tod ist bedeutsam, und die Zeit wartet nicht», sagte der T'ien-t'ai-Philosoph.

«Warum ergreifst du nicht, was ungeboren ist, und schaust, was zeitlos ist?» verlangte der Meister zu wissen.

«Ungeboren ist das, was ergreift, und zeitlos ist das, was schaut.»

«So ist es, so ist es», pflichtete der Meister bei.

Später trat Hsüan-chiao wieder vor Hui-neng hin, diesmal in der vollen Mönchsausstattung. Er verbeugte sich ehrfurchtsvoll vor dem Meister und bat, Abschied nehmen zu dürfen.

Der Meister fragte: «Weshalb scheidest du so bald?»

«Von Anbeginn gibt es so etwas wie Bewegung nicht, und weshalb sprecht Ihr von bald?»

«Wer ist es, der weiß, daß es keine Bewegung gibt?» erwiderte der Meister.

«Seht», rief Hsüan-chiao, «Ihr selbst urteilt!»

«Du begreifst fürwahr den Plan dessen, was ungeboren ist.»

«Wie könnte das Ungeborene einen Plan haben?» fragte Hsüan-chiao.

«Gäbe es keinen Plan, wer könnte je urteilen?»

«Urteile werden ohne jeden Plan gefällt», lautete Chiaos abschließende Bemerkung.

Der Meister gab seiner tiefen Zustimmung Ausdruck mit den Worten: «Du hast recht gesprochen.»

Chih-huang war ein Schüler des Fünften Patriarchen gewesen. Nach zwanzig Jahren meditativer Übung glaubte er wohl zu verstehen, was Meditieren oder Samādhi bedeute. Hsüan-t'se hörte davon, suchte ihn auf und fragte: «Was tust du hier?»

«Ich trete in einen Samādhi ein.»

«Du sprichst vom Eintreten, wie aber trittst du in den Samādhi ein, mit gedankenvollem Geist oder mit gedankenleerem Geist? Wenn du sagst, mit gedankenvollem Geist, so könnten alle Lebewesen das erlangen.»

«Wenn ich in den Samādhi eintrete», sagte Chih-huang, «weiß ich nichts von gedankenvoll oder gedankenleer.»

«Wenn du von keinem von beiden weißt, bist du doch schon die ganze Zeit im Samādhi; weshalb sprichst du dann vom Eintreten oder Herauskommen? Wenn es allerdings wirklich ein Eintreten oder Herauskommen gibt, so ist es nicht Großer Samādhi.»

Chih-huang wußte darauf nichts zu antworten. Nach einer Weile fragte er Hsüan-t'se, wer sein Lehrer sei und was jener unter Samādhi verstehe.

Hsüan-t'se sagte: «Hui-neng ist mein Lehrer, und er sagt: [Die unübertreffliche Wahrheit] ist in vollkommener Gelassenheit und Stille. Substanz und Funktion sind nicht zu trennen, sind von *einer* Soheit. Die fünf Skandhas sind wesenhaft leer, die sechs Sinnesobjekte ohne Wirklichkeit. [Die Wahrheit kennt] weder Eingehen noch Ausgehen, weder Stillsein noch Aufgerührtsein. Er sagt: Dhyāna hat keine feste Wohnstatt; ohne dich an eine Wohnstatt zu heften, verweile gelassen in Dhyāna. Dhyāna ist ungeboren; ohne dich an den Gedanken von Geburt [und Tod] zu heften, denke in Dhyāna. Der Geist sei gleich dem leeren Raum, doch ohne einen Gedanken an Raum.»

Nachdem Chih-huang dies über die Anschauung des Sechsten Patriarchen von Samādhi und Dhyāna erfahren hatte, ging er selbst zum Meister und bat um weitere Aufklärung.

Der Patriarch sagte: «Was Hsüan-t'se dir sagte, ist wahr. Laß deinen Geist sein wie leerer Raum, aber hege keinen Gedanken an die Leere. Dann wird die Wahrheit ungehindert ihr ganzes Wirken entfalten. Jede deiner Bewegungen wird aus einem unschuldigen Herzen kommen, und der Unwissende und der Weise werden von deiner Hand die gleiche Behandlung erfahren. Subjekt und Objekt werden ihre Unterschiedenheit verlieren, Wesen und Erscheinungen werden von *einer* Soheit sein. Du hast den ewigen Samādhi erlangt.»

Noch klarer und entschiedener kommt die Haltung des Sechsten Patriarchen zum Thema Meditation in einer anderen

Begebenheit zum Ausdruck, die im *Podium-Sūtra* erzählt wird. Ein Mönch zitierte einmal die folgende Gāthā von Wo-luan:

Ich, Wo-luan, weiß ein Mittel,
alle meine Gedanken auszulöschen.
Die Welt der Dinge rührt meinen Geist nicht mehr auf,
und von Tag zu Tag reift meine Erleuchtung.

Darauf antwortete der Sechste Patriarch: «Das ist nicht Erleuchtung, sondern führt in die Knechtschaft. Höre meine Gāthā:

Ich, Hui-neng, kenne keine Mittel,
meine Gedanken werden nicht unterdrückt.
Die Welt der Dinge rührt stets meinen Geist auf;
die Erleuchtung reifen lassen – welchen Sinn
soll das haben?»

Das zeigt wohl deutlich genug, daß Hui-neng kein Quietist war und kein Nihilist, dem es nur um die absolute Leere ging, aber auch kein Idealist, der die objektive Welt leugnete. Sein Dhyāna stand mitten in der bewegten Welt der Dinge und doch über ihr in dem Sinne, daß es sich von keiner dieser Bewegungen ablenken und mitreißen ließ.

4. Hui-nengs Methode, die Wahrheit des Zen darzulegen, trug keine indischen Züge mehr, sondern war ganz von chinesischer Geistesart geprägt. Auf abstrakte Terminologie und übersteigerte Bildhaftigkeit verzichtete er gänzlich. Seine Methode war direkt, unkompliziert, konkret und zupackend. Als der Mönch Ming vorsprach und um Unterweisung bat, sagte Hui-neng: «Zeige mir dein Ur-Angesicht vor deiner Geburt.» Noch unmittelbarer und treffender kann man wohl kaum antworten. Keine philosophischen Vorträge, keine komplizierten Gedankengänge, nur das direkte Aussprechen dessen, worum es geht. Hierin bereitete der Sechste Patriarch

den Weg, doch seine Schüler lernten schnell und traten bald in seine Fußstapfen.

Betrachten wir noch ein ähnliches Beispiel: Als Hui-neng von Nan-yüeh Huai-jang aufgesucht wurde, fragte er ihn: «Woher kommt Ihr?» und ergänzte: «Was ist es, das so kommt?» Nan-yüeh brauchte acht lange Jahre, um diese Frage zufriedenstellend zu beantworten. Diese Frage wurde so etwas wie eine übliche Art der Begrüßung durch einen Zen-Meister:

Nan-yüan fragte einen eben angekommenen Mönch: «Woher kommst du.»

«Ich komme aus Han-shang.»

Der Meister sagte: «Du bist ebensowenig recht, wie ich bin.»

Hsiang-yen fragte San-sheng: «Woher kommt Ihr?»

San-sheng antwortete: «Von Lin-chi.»

Hsiang-yen sagte: «Habt Ihr Lin-chis Schwert mitgebracht?»

Noch bevor Hsiang-yen ausgesprochen hatte, trat San-sheng vor, ergriff ein Sitzpolster und schlug Hsiang-yen damit.

Hsiang-yen sagte nichts und lächelte nur.

Der ehrwürdige Ch'en fragte einen Mönch: «Woher kommst du?»

«Von Yang-shan.»

«Du bist ein Lügner», lautete das Verdikt des Meisters.

Ein andermal fragte er wieder einen Mönch: «Woher kommst du?»

«Von westlich des Flusses, Meister.»

«Wie viele Sandalen hast du abgetragen?»

Dieser Mönch erfuhr offenbar eine etwas sanftere Behandlung.

Diese gänzliche Andersartigkeit der chinesischen Methode gegenüber der indischen gab Anlaß zu der Frage, welcher

Unterschied (falls es einen gab) zwischen dem «Tathāgata-Dhyāna» und dem «Patriarchen-Dhyāna» bestehe. Als Hsiang-yen zum Beispiel Yang-shan sein Lied der Armut zeigte, sagte dieser: «Du hast das Tathāgata-Dhyāna erfaßt, aber noch nicht das Patriarchen-Dhyāna.» Mu-chou, über diese Unterscheidung befragt, erwiderte: «Die grünen Berge sind grüne Berge, und die weißen Wolken sind weiße Wolken.»

Hui-neng starb fünfundsiebzigjährig im Jahre 713, in der friedlichsten Zeit der T'ang-Dynastie, in der die chinesische Kultur den Höhepunkt ihrer Entwicklung erreichte. Gut hundert Jahre später erhielt der Sechste Patriarch vom Kaiser Hsien-tsung den Titel Großer Spiegel (*tai-chien*), und Liu Tsung-yüan, einer der brillantesten Literaten der chinesischen Literatur, versah seinen Grabstein mit einer Gedenkinschrift. Darin lesen wir:

> An sechster Stelle der Übertragung seit Bodhidharma stand Tai-chien. Er hatte zunächst niedere Dienste zu verrichten. Wenige Worte des Meisters genügten, und er erfaßte sofort den tiefen Sinn in ihnen. Der Meister war tief beeindruckt, und schließlich übergab er ihm die Insignien des Glaubens. Danach hielt er sich im Süden verborgen; sechzehn Jahre lang hörte niemand etwas von ihm, bis er die Zeit gekommen sah, aus der Zurückgezogenheit hervorzutreten. Er ließ sich in T'sao-ch'i nieder und begann zu lehren. Er soll zuzeiten Tausende von Schülern gehabt haben.
>
> Nach seiner Lehre ist das Nicht-Handeln die Wirklichkeit, ist die Leere die Wahrheit, ist der unübertreffliche Sinn der Dinge weit und unbewegt. Er lehrte, daß die Menschennatur von Anbeginn und bis ans Ende gut ist und nicht eigens gejätet werden muß, denn sie wurzelt in dem, was klar und ruhig ist. Der Kaiser Tsung-chung hörte von ihm und schickte zweimal seinen Kurier, um ihn zu Hofe zu laden,

konnte ihn jedoch nicht dazu bewegen, dem Ruf zu folgen. Da ließ er sich statt dessen seine Worte überbringen und nahm die zu seiner Unterweisung. Die Lehre [des Sechsten Patriarchen] ist heute jedermann zugänglich. All jene, die überhaupt über Zen sprechen, finden in T'sao-ch'i, was sie wissen müssen.

Nach Hui-neng verzweigte Zen sich zu etlichen Schulen, von denen zwei bis auf den heutigen Tag überlebt haben, vor allem in Japan. Die eine, repräsentiert durch Ch'ing-yüan Hsing-ssu (660?–740), entwickelte sich zur Ts'ao-tung-(Sōtō-) Schule, die andere, ausgehend von Nan-yüeh Huai-jang (677–744), entwickelte sich zur Lin-chi-(Rinzai-)Schule.

Trotz mancher Veränderungen im Erscheinungsbild ist der Geist des Zen heute noch so lebendig wie in den Tagen des Sechsten Patriarchen, und als eine der großen spirituellen Traditionen des Ostens übt Zen nach wie vor einen nachhaltigen Einfluß aus.

Die praktischen Methoden der Zen-Schulung

Was ist Zen? Das ist eine der Fragen, auf die sehr schwer eine für den Fragesteller befriedigende Antwort zu finden ist, denn Zen entzieht sich jeder Definition und Beschreibung. *Die einzig taugliche Art, sich Einblick zu verschaffen, besteht natürlich darin, sich zumindest einige Jahre lang der praktischen Zazen-Schulung in der Zen-Halle zu widmen.* Der Leser mag also darauf gefaßt sein, daß er auch nach der Lektüre dieses Essays noch nicht weiß, was Zen ist. Es liegt in der Natur des Zen, daß es sich nicht zu Ideen verarbeiten und nicht begrifflich erfassen läßt. Deshalb betonen ja die Zen-Meister seit Bodhidharma, Zen sei «unabhängig von heiligen Schriften» und «eine besondere Überlieferung außerhalb der orthodoxen Lehre».

Es ist allerdings nicht der Sinn dieses Essays zu demonstrieren, daß Zen mit dem Verstand nicht erfaßt werden kann und es daher müßig ist, etwas darüber zu sagen. Ich will im Gegenteil nach bestem Vermögen das klarmachen, was in Worten – wenn auch unvollkommen und unzureichend – gesagt werden kann. Und dazu gibt es mehrere Ansätze. Man kann Zen psychologisch, ontologisch, erkenntnistheoretisch oder historisch betrachten, wie ich es in den ersten Essays dieser Sammlung versucht habe. Hier jedoch soll es mir um eine praktische Darstellung gehen, um einige Aspekte der konkreten Zen-Schulung unter einem Meister. Wir werden uns diese Aspekte intensiv vergegenwärtigen und auf diesem Wege – mag es auch ein intellektueller Weg sein – vielleicht doch eine Ahnung vom Geist des Zen bekommen.

Zen, wie ich es verstehe, ist das, was am Grund aller Philosophie und Religion liegt. Jedes intellektuelle Bemühen muß darin gipfeln oder vielmehr davon ausgehen, wenn es überhaupt praktische Ergebnisse zeitigen soll. Jeder religiöse Glaube muß dort entspringen, wenn er lebendig und für unser konkretes Leben von Bedeutung sein soll. Deshalb ist Zen nicht nur die Quelle des buddhistischen Denkens und Lebens, sondern wirkt ebenso im Christentum, Islam, Taoismus, ja sogar im Konfuzianismus. Wenn diese Religionen und Philosophien Leben und inspirative Kraft besitzen und für den Menschen von Nutzen sind, so liegt das an etwas, das ich ihr «Zen-Element» nennen möchte. Gelehrtheit und weihevolles Gehabe machen gewiß noch keinen lebendigen Glauben; Religion verlangt etwas, das von innen her Kraft und Antrieb zum Wirken gibt. Der Intellekt ist nützlich in seiner Domäne, aber wo er auch für das Religiöse zuständig zu sein glaubt, läßt er die Quelle des Lebens versiegen. Bloßes Fühlen oder Glaubenwollen ist blind, greift nach allem, was des Weges kommt, und hält krampfhaft daran fest, weil es meint, es sei die letzte Wirklichkeit. Fanatismus ist zwar vital genug, hat aber mit wahrer Religiosität ebenfalls nichts zu tun, ganz zu schweigen von dem Umstand, daß er stets zerstörend wirkt. Erst das Zen-Element läßt das religiöse Empfinden die richtigen Kanäle finden und bindet den Intellekt in einen Zusammenhang ein, in dem er eine lebendige Kraft darstellt.

Das vermag Zen, weil es uns einen neuen Ausblick auf die Dinge vermittelt, eine neue Art, die Wahrheit und Schönheit des Lebens und der Welt zu erkennen; es läßt uns eine neue Quelle der Energie am Grund unseres Bewußtseins entdecken und vermittelt uns ein Gefühl von Ganzheit und Genügen; es verändert unser gesamtes Innenleben grundstürzend und eröffnet uns eine Welt, die wir uns auch in unseren kühnsten Träumen nicht hätten ausmalen können. Diese Veränderungen sind von so grundsätzlicher Natur, daß man sie als Auferstehung bezeichnen kann.

Aus der Sicht des Zen stehen wir viel zu sehr im Banne der herkömmlichen Denkweise, die durch und durch dualistisch ist. «Gegenseitige Durchdringung» ist hier nicht erlaubt, und unsere Alltagslogik läßt ein Verschmelzen der Gegensätze nicht zu. Was Gottes ist, ist nicht von dieser Welt, und was von dieser Welt ist, ist mit dem Göttlichen nicht zu vereinbaren. Schwarz ist nicht Weiß, und Weiß ist nicht Schwarz. Tiger ist Tiger, und Katze ist Katze, und sie werden nie eins sein. Wasser fließt, ein Berg ragt auf. So sehen die Dinge in der Welt der Sinne und Syllogismen aus. Zen bricht dieses Denkschema auf und setzt an seine Stelle ein neues «Denken», in dem unsere Logik und unsere dualistischen Ideen-Arrangements keine Rolle spielen. Wir glauben vor allem deshalb an die Dualität, weil sie in unsere Kultur tief eingewurzelt ist und wir schon mit ihr aufwachsen. Wir fragen normalerweise gar nicht nach richtig oder falsch, sondern akzeptieren, was uns beigebracht wird. Akzeptieren ist bequemer und einfacher, und das Leben wird dadurch – scheinbar zumindest – leichter. Wir sind von Natur aus konservativ, aber nicht unbedingt aus Trägheit, sondern aus einer natürlichen (wenn auch oberflächlichen) Neigung zu Ruhe und Frieden.

Aber dann kommt die Zeit, wo die traditionelle Logik nicht mehr stimmt, wo wir Widersprüche und Brüche zu empfinden beginnen und innerlich in große Bedrängnis geraten. Wir verlieren die vertrauensvolle innere Ruhe, die wir erlebten, solange wir uns an die herkömmliche Art zu denken hielten. Auch Meister Eckhart sagt, daß wir alle die Ruhe suchen, ob wir es wissen oder nicht, so wie ein Stein nicht aufhören kann zu rollen, bis er eine stabile Ruhelage gefunden hat. Die Ruhe, derer wir uns erfreuten, als wir noch nicht auf die Widersprüche unserer Logik gestoßen waren, war offenbar nicht echt, denn nun rollt der Stein weiter, dem wirklichen Grund zu. Wo aber ist der Grund der Nicht-Dualität, wo die Seele wirklich in tiefem Frieden sein kann? Zitieren wir dazu Meister Eckhart: «Manche einfältigen Leute wähnen, sie sollten Gott (so) sehen, als stünde er dort und sie hier. Dem ist nicht so. Gott und ich, wir sind *eins*. Durch das Erkennen nehme ich Gott in mich hinein.»* In diese absolute Einheit der Dinge legt Zen das Fundament seiner Philosophie.

Die Idee der absoluten Einheit ist nicht allein im Zen zu finden, sondern auch in anderen Religionen und Philosophien. Hätte Zen sich allerdings – wie irgendein Monismus oder Theismus – darauf beschränkt, dieses Prinzip geltend zu machen, hätte es also nichts Ureigenes hinzuzufügen gehabt, so wäre es wohl nicht über tausend Jahre lang so lebendig geblieben. Aber es gibt dieses Einzigartige im Zen, das seine ganze Lebendigkeit ausmacht und seinen Anspruch rechtfertigt, das Wertvollste der buddhistischen Überlieferung zu enthalten.

Im folgenden Mondō oder Dialog (wörtlich «Frage-Antwort») erhalten wir einen ersten Einblick in die besondere Eigentümlichkeit des Zen:

Ein Mönch fragte Meister Chao-chou (Jōshū): «Was ist das eine unübertroffene Wort der Wahrheit?» Anstatt auf diese Frage einzugehen, erwiderte der Meister einfach: «Ja.» Der Mönch, offenbar außerstande, einen Sinn in dieser Antwort zu erkennen, fragte ein zweites Mal, und diesmal schrie der Meister: «Ich bin nicht taub!»** Ist das nicht eine absolut gegenstandslose Antwort auf die so drängende Frage nach der

* *Deutsche Predigten und Traktate*, hrsg. v. Josef Quint, München (Hanser) 1963, S. 186.

** Ein andermal, als Chao-chou über das «erste Wort» befragt wurde, hustete er. Der Mönch sagte: «Ist es nicht das?» Augenblicklich erwiderte der Meister: «Darf ein alter Mann denn nicht einmal mehr husten?» Und noch einmal hören wir von einem Mönch, der ihn fragte: «Was ist das eine Wort?» Chao-chou fragte: «Was sagst du?» «Was ist das eine Wort?» wiederholte der Mönch, und Chao-chou sagte: «Du machst zwei daraus.»
Shu-shan (Shuzan) wurde einst gefragt: «Ein alter Meister sagt: ‹Es gibt ein Wort, welches, wenn man es begreift, alle Sünden zahlloser Kalpas tilgt› – was ist dieses eine Wort?» Shu-shan sagte: «Direkt vor

absoluten Einheit oder dem höchsten Prinzip? Aber das ist charakteristisch für Zen, denn hier transzendiert es die Logik und setzt sich über die Tyrannei der Ideen, die uns doch nur falsche Bilder von den Dingen geben, hinweg.

Führen wir noch ein Beispiel an, bevor wir zu unserem eigentlichen Gegenstand kommen. Meister Chao-chou wurde einst gefragt: «Ein Licht teilt sich in Hunderttausende von Lichtern; darf ich fragen, wo dieses eine Licht herkommt?»* Auch dies ist eines der schwierigsten und verwirrendsten Probleme der Philosophie, doch der alte Meister verschwendete keine Zeit mit Antworten oder gar wortreichen Erörterungen. Er schleuderte einfach wortlos einen seiner Schuhe vom Fuß. Was meinte er damit? Um all das zu begreifen, so heißt es, müssen wir ein «drittes Auge» bilden und die Dinge von einer neuen Warte aus betrachten lernen.

Wie wird diese neue Art zu sehen von den Zen-Meistern demonstriert? Es liegt auf der Hand, daß ihre Methoden sehr ungewöhnlich, unkonventionell, ja unlogisch sein müssen und jedem, der noch nicht auf diese Weise sehen kann, unbegreiflich sind. Ich werde die verschiedenen Arten der Darle-

deiner Nase.» – «Was ist, ganz am Grund, dessen Sinn?» – «Das ist alles, was ich sagen kann», schloß der Meister.

* Es gibt viele weitere Mondō zum selben Gegenstand; wir zitieren hier nur noch zwei von ihnen. Ein Mönch fragte Meister Li-shan (Risan): «Die Zehntausend Dinge gehen auf die Leere zurück, doch worauf geht die Leere zurück?» Li-shan sagte: «Die Zunge ist zu kurz, es dir zu erklären.» – «Weshalb ist sie zu kurz?» – «Innen und außen ist es von *einer* Soheit.»

Ein Mönch fragte Meister Ch'i-shan (Keisan): «Wenn Beziehungen sich auflösen, kehrt alles in die Leere zurück, doch wohinein kehrt die Leere zurück.» Der Meister rief den Mönch an, und dieser erwiderte: «Ja.» Der Meister fragte: «Wo ist die Leere?» Der Mönch sagte: «Bitte, sagt Ihr es mir.» Ch'i-shan sagte: «Es ist wie der Perser, der Pfeffer schmeckt.»

Die Frage nach dem Licht könnten wir als ätiologisch bezeichnen, die beiden anderen als teleologisch, doch Zen kennt nur den anfanglosen und endlosen Lauf des Werdens. Wenn wir den Ursprung des Lichts kennen, wissen wir auch, wo die Leere endet.

gung im vorliegenden Essay unter den beiden Hauptkategorien «Verbale Methode» und «Direkte Methode» umreißen. Die verbale Methode läßt sich weiter gliedern in: 1. Paradox, 2. Überschreiten der Gegensätze, 3. Verneinung, 4. Bejahung, 5. Wiederholung und 6. Ausruf. Mit der direkten Methode meinen wir eine körperliche Demonstration, und die kann je nach den Umständen in Gesten, Schlägen, bestimmten Handlungen oder der Anleitung anderer zu bestimmten Bewegungen und ähnlichem bestehen. In diesem Punkt strebe ich hier jedoch noch keine erschöpfende Darstellung all der spontanen Verhaltensweisen an, mit denen die Zen-Meister die Augen ihrer Schüler zu öffnen trachten. Wenn der Leser hier nur ein allgemeines Verständnis für die Eigentümlichkeiten des Zen bekommt, habe ich mein Ziel erreicht.

JENSEITS DES DENKENS

Es ist wohlbekannt, daß alle Mystiker sich gern der Paradoxe bedienen, um ihre Einsichten darzutun. Ein christlicher Mystiker könnte beispielsweise sagen: Gott ist wirklich, und doch ist er nichts, unendliche Leere; er ist All-Sein und Nicht-Sein zugleich. Das Königreich Gottes ist objektive Wirklichkeit, und zugleich ist es in mir selbst – ich selbst bin Himmel und Hölle. Meister Eckharts «göttliche Finsternis» und der «unbewegte Beweger» weisen in diese Richtung. Ich glaube, wir könnten in der mystischen Literatur überall solche Aussagen finden und daraus ein Buch mystischer «Ungereimtheiten» zusammenstellen. Zen bildet da keine Ausnahme, aber in seiner Art, die Wahrheit auf diese Weise zum Ausdruck zu bringen, liegt etwas ganz Unverwechselbares, und das besteht vor allem in der Konkretheit und Lebendigkeit des Ausdrucks. Abstraktionen aller Art finden hier kein Gehör. Betrachten wir einige Beispiele. Von Fu-ta-shih (Fudaishi) hören wir:

Mit Händen aus Leere
ergreife ich den Pflug.
Im Gehen
reite ich auf einem Wasserbüffel.
Wenn ich die Brücke überquere,
sieh nur, dann fließt das Wasser nicht, sondern die
  Brücke fließt.

Das scheint wider alle Vernunft zu sein, aber solchen bildlichen Widersinn finden wir im Zen allenthalben. «Die Blüte ist nicht rot, noch ist die Weide grün», lautet ein bekannter Zenspruch, aber er steht beileibe nicht im Widerspruch zu dem Satz: «Die Blüte ist rot, und die Weide ist grün.» Logisch betrachtet würde dies hinauslaufen auf den Satz: «A ist sowohl A als auch Nicht-A.» Das hieße dann zum Beispiel: Ich bin ich, und doch bist du ich. In der indischen Philosophie finden wir den Satz: *Tat tvam asi* – «Du bist Das.» Dann wäre also der Himmel die Hölle und Gott der Teufel. Für fromme Christen muß dieses Zen schon eine sehr schockierende Lehre sein. Wenn Herr Chang trinkt, bekommt Herr Li einen Schwips. Der schweigend donnernde Vimalakīrti bekannte, er sei krank, weil alle Wesen krank seien. Alle weisen und erbarmenden Seelen sind Verkörperungen des Großen Paradoxes des Universums.

Aber ich schweife ab. Ich wollte sagen, daß Zen in seinen Paradoxen mehr Konkretheit wagt als alle anderen mystischen Lehren. Die meisten beschränken sich mehr oder weniger auf allgemeine Aussagen über Gott und die Welt, während Zen das Paradoxe in alle Winkel unseres Alltagslebens hineinträgt. Es zögert keinen Moment, die vertrautesten Tatsachen unserer Erfahrung schlichtweg zu leugnen. «Ich schreibe hier, und doch habe ich kein Wort geschrieben. Du liest dies vielleicht gerade, und doch ist da kein Mensch in der ganzen Welt, der liest. Ich bin vollkommen blind und taub, doch jede Farbe wird erkannt, jeder Laut deutlich wahrgenommen.» Die Zen-Meister können endlos so fortfahren.

Von Pa-chiao (Basho), einem koreanischen Mönch des neunten Jahrhunderts, ist uns der folgende berühmte Ausspruch überliefert: «Wenn ihr einen Stab habt, werde ich euch einen geben; wenn ihr keinen habt, werde ich ihn euch wegnehmen.»

Als Meister Chao-chou einmal gefragt wurde, was er einem Armen geben würde, der zu ihm käme, fragte er: «Was fehlt ihm denn?»* Ein andermal wurde er gefragt: «Wenn ein Mann mit nichts zu Euch kommt, was würdet Ihr ihm sagen?» Augenblicklich antwortete er: «Wirf es fort!» Wir könnten nun fragen: Wenn ein Mensch nichts hat, was soll er dann fortwerfen? Oder sollen wir sagen: Wenn einer arm ist, ist er sich selbst genug? Ist er dann nicht in jeder Hinsicht bedürftig? Nun, es hat wohl wenig Sinn, mit dem logischen Verstand einen tieferen Sinn in Chao-chous Worten finden zu wollen. «Treibe dem Bauern die Ochsen fort, und mach dich mit der Speise des Hungernden davon», das ist ein Lieblingsausspruch der Zen-Meister, denn so können wir am besten unser spirituelles Land bebauen und die Seele sättigen, die nach dem Wesen der Dinge hungert.

* Ein andermal erhielt ein Mönch die Antwort: «Halte fest an deiner Armut.» Die Antwort, die Meister Nan-yüan (Nan'in) einem Armen gab, klingt tröstlicher: «Du hast selbst eine Handvoll Perlen.» Das Thema Armut ist von großer Bedeutung für die religiöse Erfahrung – Armut aber nicht unbedingt im materiellen, sondern vor allem im spirituellen Sinne. Askese bedeutet weit mehr als nur die Absage an alle menschlichen Begierden und Leidenschaften – es muß etwas zutiefst Positives und Religiöses darin liegen. «Arm im Geiste» zu sein, was auch immer im Christentum darunter verstanden werden mag, ist für Buddhisten und insbesondere für Zen-Buddhisten von großer Bedeutung. Betrachten wir die folgende Begegnung zwischen Meister Ts'ao-shan (Sōzan) und dem Mönch Ch'ing-jui (Seizei):
Ein Mönch kam einst zu Meister Ts'ao-shan: «Ch'ing-jui ist einsam und arm. Seid so gut, Meister, gebt mir bitte Hilfe zum Gedeihen.» Ts'ao-shan sagte: «Āchārya [höfliche Anrede eines Mönchs] Ch'ing-jui!» Ch'ing-jui sagte: «Ja!?» Ts'ao-shan sagte: «Du hast schon drei Becher vom (erlesenen) Wein aus dem Pai-Haus von Ch'üan-chou getrunken und sagst noch, du habest dir nicht die Lippe genetzt!» (*Mumonkan*, 10)

Von Ōkubo Shibun, dem berühmten Bambus-Maler, wird erzählt, er sei einst gebeten worden, ein Kakemono (Hängerolle) zu schaffen, auf dem ein Bambushain zu sehen sein sollte. Mit seiner ganzen Kunstfertigkeit malte er das Bild, wobei er den Bambus in roter Farbe darstellte. Als der Auftraggeber das Bild erhielt, staunte er über dessen außerordentliche Kunstfertigkeit und begab sich sofort zum Haus des Künstlers. «Meister», sagte er, «ich bin gekommen, Euch für dieses Bild zu danken. Doch verzeiht, Ihr habt den Bambus in Rot dargestellt.»

«Nun», rief der Meister, «in welcher Farbe hättet Ihr ihn denn gern?»

«In Schwarz natürlich», antwortete der Auftraggeber.

«Hat denn irgendwer schon jemals schwarzen Bambus gesehen?»

Wenn wir uns an eine bestimmte Art, die Dinge zu betrachten, gewöhnt haben, fällt es uns sehr schwer, vollkommen unvoreingenommen zu schauen. Die wahre Farbe des Bambus ist vielleicht weder Rot noch Schwarz noch Grün, noch irgendeine der uns bekannten Farben. Vielleicht ist Bambus rot oder auch schwarz, wer weiß? Die Paradoxe bilden wir uns vielleicht nur ein.

KEIN GEGENSATZ

Die zweite Ausdrucksform des Zen ist das Leugnen von Gegensätzen, in gewisser Weise der *Via negativa* der Mystiker zu vergleichen. Es kommt darauf an, sich nicht von einem der folgenden vier Sätze «gefangennehmen» zu lassen, wie die Meister sagen würden. 1. «Es ist A»; 2. «Es ist Nicht-A»; 3. «Es ist sowohl A als auch Nicht-A»; 4. «Es ist weder A noch Nicht-A». Solange der Intellekt in seinen gewohnten dualistischen Bahnen bleibt, folgt jede Bejahung oder Verneinung einer dieser logischen Formeln. Es liegt in der Natur unserer Logik, daß jede Aussage eine dieser Formen annehmen muß.

Zen jedoch sagt, daß die Wahrheit nur zu erreichen ist, wenn sie weder bejaht noch verneint wird. Dies ist das Dilemma des Lebens, und den Zen-Meistern ist es stets darum zu tun, diesem Dilemma zu entkommen. Schauen wir, ob es ihnen gelingt.

Meister Yün-men (Ummon) sagte: «Im Zen ist absolute Freiheit; manchmal verneint es, manchmal bejaht es; beides geschieht einfach nur so.»

Ein Mönch fragte: «Wie verneint es?»

«Mit dem Scheiden des Winters kommt der Frühling.»

«Was geschieht, wenn der Frühling kommt?»

«Den Stab geschultert, mag er die Felder durchstreifen, Ost und West, Nord und Süd, und nach Herzenslust in die alten Strünke schlagen.» Dies ist eine Art, frei zu sein, demonstriert durch einen der großen Meister Chinas. Betrachten wir eine andere Art: Die Zen-Meister trugen im alten China für gewöhnlich einen Stab bei sich, der Chu-pi (Shippei) genannt wurde. Die folgende Begebenheit wird uns im *Wu-men-kuan* berichtet.

Meister Shou-shan (Shuzan) hielt seinen Stab hoch und sagte bei der Unterweisung, indem er ihn den Schülern zeigte: «Ihr Mönche, wenn ihr das einen Stab nennt, so ist das ein Verstoß. Wenn ihr das ‹Nicht-ein-Stab› nennt, so ist das Widersinn. Ihr Mönche, sagt einmal, wie nennt ihr es?»*

Es geht darum, unseren Kopf aus der Schlinge der Dualitäten und philosophischen Spitzfindigkeiten zu ziehen. In einer anderen Quelle lesen wir, wie die Geschichte weiterging. Ein Mönch trat vor, nahm dem Meister den Stab aus der Hand und warf ihn zu Boden. Ist das die Antwort? Ist das die Art, die vier Sätze der Logik, die Grundbedingungen allen Denkens, zu transzendieren? Anders gefragt, ist das eine Art, frei zu sein? Nichts ist ein für allemal festgelegt im Zen, und ein anderer mag für das vorgelegte Problem seine ganz eigene

* *Wu-men-kuan*, 43. Beispiel.

Lösung finden. Das ist die wahrhaft schöpferische Seite des Zen.

Yün-men brachte dasselbe mit seinem Stab zum Ausdruck, als er ihn hochhielt und sagte: «Was ist das? Wenn ihr sagt, es sei ein Stab, fahrt ihr augenblicklich zur Hölle. Wenn es aber kein Stab ist, was ist es dann?» Pi-mo (Hima) ging etwas anders vor. Er trug stets einen gegabelten Stock bei sich, und wann immer ein Mönch auf ihn zutrat und sich verbeugte, packte er ihn mit der Gabel am Nacken und sagte: «Welcher Teufel lehrte dich, ein hausloser Mönch zu sein? Welcher Teufel lehrte dich umherzuwandern? Ob du etwas sagen kannst, ob du nichts sagen kannst, du wirst unter meiner Gabel sterben. Sprich, sprich!» Auch Meister Te-shan (Tokusan) gebrauchte seinen Stab in diesem Sinne. Von ihm ist der Ausspruch überliefert: «Dreißig Hiebe, wenn du sprichst; dreißig Hiebe, wenn du schweigst!»

Das *Wu-men-kuan* erzählt uns die folgende Begebenheit:

Einst stritten sich die Mönche der östlichen und der westlichen Zen-Halle einer Katze wegen. Nan-ch'üan (Nansen) ergriff die Katze, hielt sie hoch und sagte: «Ihr Mönche, wenn ihr etwas sagen könnt, so schone ich sie, wenn ihr nichts sagen könnt, so töte ich sie.» [Er meinte natürlich etwas, das Bejahung und Verneinung transzendiert.] Die Mönche gaben keine Antwort, so tötete Nansen die Katze. [Meister Nan-ch'üan wirkt hier ziemlich hartherzig, doch worum geht es ihm? Eine positive Aussage verwickelt uns in ein Dilemma, eine negative ebenso. Um die Wahrheit zu erlangen, muß dieser Dualismus gemieden werden. Wie soll uns das gelingen? Wenn wir uns aus dieser Ausweglosigkeit nicht befreien können, steht vielleicht nicht nur das Leben der Katze auf dem Spiel, sondern unser eigenes. Daher Meister Nan-ch'üans drastische Maßnahme.]

Am Abend, als Chao-chou von draußen zurückkam, erzählte ihm Nan-ch'üan, was geschehen war. Chao-chou zog alsbald seine Sandalen aus, legte sie sich auf den Kopf und ging hinaus.

Nan-ch'üan sagte: «Wenn Ihr dagewesen wärt, hätte ich die Katze verschonen können.»*

Dieses sonderbare Verhalten war Chao-chous Art und Weise, die Wahrheit zu bekunden, welche den Dualismus von Sein und Nichtsein transzendiert.

Meister Yang-shan (Kyōzan) erhielt eines Tages einen Spiegel, den sein Meister, Meister Kuei-shan (Isan), ihm schickte. Yang-shan hielt vor den versammelten Mönchen diesen Spiegel hoch und sagte: «Ihr Mönche, Kuei-shan hat einen Spiegel geschickt. Ist es Kuei-shans Spiegel oder meiner? Wenn ihr sagt, es sei Kuei-shans Spiegel, wie kommt es dann, daß er in meinen Händen ist? Wie könntet ihr aber sagen, es sei meiner; kam er nicht von Kuei-shan? Gebt ihr die richtige Antwort, so bleibt er erhalten. Könnt ihr es nicht, so wird er zerschlagen.» Dreimal sagte er das, doch niemand unternahm auch nur den Versuch zu antworten. Da zerbrach er den Spiegel. Dieser Fall liegt ähnlich wie der von Nan-ch'üan und der Katze. Die Mönche konnten das unschuldige Opfer und die Kostbarkeit nicht retten, weil ihr Geist nicht frei war vom unterscheidenden Denken und sie sich daher nicht aus den Netzen befreien konnten, die Nan-ch'üan und Yang-shan auswarfen. Solche Schulungsmethoden mögen uns widersinnig, ja sogar unmenschlich erscheinen, doch der Blick der Meister ist stets auf die Wahrheit gerichtet, die absolut ist und doch nicht unerreichbar in dieser Welt der Zehntausend Dinge. Und wenn sie zu erreichen ist, was zählt es dann, ob etwas Kostbares zerbrochen oder ein Tier geopfert wird? Die Seele zu retten, ist das nicht wichtiger als der Verlust eines Königreichs?

Ein anderer Schüler von Meister Kuei-shan war Meister Hsiang-yen (Kyōgen). Im *Wu-men-kuan* lesen wir einen seiner Aussprüche:

Meister Hsiang-yen sagte: «Es ist wie mit einem Mann auf einem Baum. Mit dem Mund hängt er an einem Zweig, die

* *Wu-men-kuan*, 14. Beispiel.

Hände fassen keinen Ast, die Füße erreichen keinen. Unter dem Baum steht ein Mann und fragt ihn nach dem Sinn des Kommens [Bodhidharmas] aus dem Westen. Wenn er nicht antwortet, so vernachlässigt er die Frage des anderen. Antwortet er aber, so verliert er Leib und Leben. Was sollte er antworten in diesem Augenblick?»*

Hier wird die Negation der Gegensätze auf sehr sinnfällige Weise veranschaulicht. Für den Mann auf dem Baum stellt sich die Frage von Leben und Tod, und darin ist kein Platz für Haarspaltereien. Die Katze mag wohl auf dem Altar des Zen geopfert werden, der Spiegel mag am Boden zerschmettert werden – aber wie steht es mit dem eigenen Leben? Der Buddha, so heißt es, habe sich in einem seiner früheren Leben in den Rachen eines menschenfressenden Ungeheuers geworfen, um die ganze Wahrheit zu erfahren. Zen, in seiner praktischen Art, möchte uns zu demselben hohen Entschluß führen, unser dualistisches Leben um der Erleuchtung und des unzerstörbaren Friedens willen aufzugeben: Das Tor wird sich öffnen, wenn dieser Entschluß gefaßt ist.

Die Zen-Meister benennen den Dualismus von Sein und Nichtsein gern mit alltäglichen Ausdrücken wie «das Leben nehmen» und «Leben geben» oder «gefangennehmen» und «freilassen» oder «geben» und «nehmen» oder «zuwenden» und «abkehren». Meister Yün-men hielt einst seinen Stab hoch und sagte: «Die ganze Welt, Himmel und Erde, verdanken ihr Leben diesem Stab.»

Ein Mönch trat vor und fragte: «Wie wird die Welt getötet?»

«In Qualen sich windend.»

«Wie wird sie zum Leben erweckt?»

«Du solltest lieber Koch sein.»

«Wenn sie weder getötet wird noch lebt, was würdet Ihr sagen?»

Yün-men erhob sich von seinem Sitz und sagte: «Mo-he-

* *Wu-men-kuan*, 5. Beispiel.

pan-je-po-lo-mi-ta!» (*Mahāprajñāpāramitā.*) Das war Yünmens Synthese, die *eine* Welt der absoluten Wahrheit, in der These und Antithese vollständig zusammenfallen und die vier Sätze der Logik nicht anwendbar sind.

EIN SCHWERT, DAS TÖTET

Wir kommen nun zur dritten Klasse, die ich «Verneinung» genannt habe. Hier geht es darum, daß Zen-Meister häufig implizit oder explizit etwas verneinen, was sie selbst oder andere Meister gesagt haben. Auf ein und dieselbe Frage kann die Antwort einmal «Ja» und ein andermal «Nein» lauten. Mitunter wird der Meister auch, ohne nähere Erläuterung, allbekannte Tatsachen leugnen. Für das gewöhnliche Bewußtsein mögen die Meister in diesem Verhalten recht sprunghaft wirken oder gar so, als wüßten sie nicht recht, was sie reden; offenbar hat Zen jedoch seine eigenen Maßstäbe, und die scheinen für unseren «gesunden Menschenverstand» in der Negierung all dessen zu bestehen, was wir für wahr und wirklich halten. Trotz dieser scheinbaren Regellosigkeit ist Zen gänzlich von einem einzigen Prinzip durchdrungen, und wenn wir das erst erfaßt haben, entwirrt sich alle Widersprüchlichkeit und zeigt sich als die reinste Wahrheit.

Ein Mönch fragte den Sechsten Patriarchen: «Wer ist zu den Geheimnissen von Huang-mei (Ōbai) gelangt?» Huangmei ist der Name des Berges, auf dem Hung-jen (Gunin), der Fünfte Patriarch, lebte; der Sechste Patriarch, Hui-neng, hatte sich unter ihm geschult und war sein Dharma-Nachfolger geworden. Die Frage des Mönchs zielte also nicht einfach auf Informationen über irgendwelche Fakten ab, sondern hatte durchaus einen tieferen Sinn.

Der Sechste Patriarch gab zur Antwort: «Einer, der den Buddhismus versteht, ist zu den Geheimnissen von Huangmei gelangt.»

«Habt Ihr sie denn erlangt?»

«Habe sie nicht erlangt.»

«Wie kann es sein», fragte der Mönch, «daß Ihr sie nicht erlangt habt?»

«Ich verstehe nichts von Buddhismus.»

Verstand er wirklich nichts von Buddhismus? Oder ist Nichtverstehen Verstehen? Ähnliche Gedanken finden wir auch in der *Kena-Upanishad.*

Noch entschiedener und verblüffender fällt diese Verneinung im folgenden Beispiel aus. Tao-wu (Dōgo) war Dharma-Nachfolger von Meister Yüeh-shan (Yakusan, 745–828 oder 750–834), aber als er von Wu-feng (Gohō) gefragt wurde, ob er den alten Meister Yüeh-shan kenne, erwiderte er einfach: «Kenne ihn nicht.»

«Weshalb kennt Ihr ihn nicht?» fragte Wu-feng.

Tao-wu sagte: «Ich kenne ihn nicht, ich kenne ihn nicht.»

Er weigerte sich einfach, irgendwelche Gründe anzugeben, und verneinte entschieden, was dem gewöhnlichen Verstand als unbestreitbare Tatsache erscheint.

Meister Hōgen (Fa-yen, 885–958) fragte einmal einen Schüler von Meister Jōshū namens Kaku Tetsushi: «Ich habe gehört, daß Euer Meister ein Kōan von der Zypresse hatte, stimmt das oder stimmt es nicht?» [Hōgen spielt hier auf eine Begebenheit an, die uns im 37. Beispiel des *Mumonkan* erzählt wird: Einst fragte ein Mönch Jōshū mit allem Respekt: «Was ist der Sinn von des Patriarchen Kommen aus dem Westen?» Jōshū sagte: «Die Zypresse da im Vorgarten.»]

Kaku Tetsushi sagte: «Mein verstorbener Meister hatte kein solches Kōan. Abt, Ihr solltet meinen verstorbenen Meister nicht beschimpfen.»

In der Zen-Literatur wird Bodhidharmas Kommen aus dem Westen (also aus Indien) recht häufig zum Gegenstand gemacht. Die Frage nach dem Sinn seines Kommens ist stets die Frage nach dem eigentlichen Prinzip, nach der Essenz des Buddhismus, hat also nichts mit den unmittelbaren Motiven seiner Reise zu tun. Auf diese Frage werden die verschiedensten Antworten gegeben, die oft genug sehr absonderlich anmuten, aber für die Zen-Meister stets der treffende Ausdruck für die Wahrheit des Zen sind.

All dieser scheinbare Widersinn ist die natürliche Begleiterscheinung einer vom Zen geprägten Weise, das Leben zu betrachten. Alles ist hier auf das intuitive Erfassen der tief in unserem Bewußtsein verborgenen inneren Wahrheit ausgerichtet. Und die Wahrheit, die so in einem selbst offenbar wird, entzieht sich aller intellektuellen Manipulation, läßt sich anderen nicht anhand irgendwelcher dialektischen Formeln mitteilen. Für jeden einzelnen Menschen gilt, daß sie aus ihm selbst kommen, in ihm selbst wachsen und mit seinem eigenen Sein eins werden muß. Andere können Hinweise geben und Richtungen zeigen, mehr nicht, und das ist es, was die Zen-Meister tun. Und die Hinweise, die sie geben, sind stets vollkommen frei, vollkommen frisch und neu. Die Wahrheit ist ihnen stets und in allem gegenwärtig, und so kann ihnen alles, was sich gerade bietet – welche logischen Bedingungen und Konsequenzen es auch haben mag –, zur Demonstration dieser Wahrheit dienen. Diese Gleichgültigkeit gegenüber der Logik wird gelegentlich ausdrücklich bekundet, um uns wissen zu lassen, daß die Wahrheit des Zen vom Intellekt unabhängig ist. So heißt es im *Prajñāpāramitā-Sūtra*: «Keinen Dharma darzulegen haben – das ist Darlegung des Dharma.»

P'ei-hsiu (Haikyu), ein Staatsminister der T'ang-Dynastie, war ein ernsthafter Zen-Schüler unter Meister Huang-po (Ōbaku). Eines Tages zeigte er dem Meister ein Manuskript, in dem er sein Verständnis des Zen niedergelegt hatte. Der Meister nahm es entgegen und legte es neben sich, machte aber keine Anstalten, es zu lesen, sondern schwieg eine Weile.

Dann sagte er: «Versteht Ihr?»

«Nein, nicht recht», erwiderte der Minister.

«Wenn Ihr hier ein Begreifen habt», sagte der Meister, «so ist Zen darin. Doch sobald Ihr es zu Papier bringt, ist unsere Religion nirgends zu finden.»

Zen ist nur da, wo lebendige Dinge geschehen. Auch der

Appell an den Intellekt kann real und lebendig sein, wenn er sich unmittelbar aus dem Lebenszusammenhang ergibt. Wo das nicht der Fall ist, bringen kein literarisches Können und keine intellektuelle Analyse uns auf dem Zen-Weg voran.

EIN SCHWERT, DAS LEBEN MACHT

Nun besteht Zen beileibe nicht bloß aus Paradox und Verneinung, sondern kann ebensogut auch bejahende und positive Aussagen machen, und auch hierin offenbart sich wieder seine Einzigartigkeit. In den meisten mystischen Traditionen haben die Aussagen etwas Allgemeines und Abstraktes und unterscheiden sich hierin nicht wesentlich von den Sätzen der Philosophie. Denken wir etwa an den berühmten Vers William Blakes:

> Um die Welt in einem Sandkorn zu sehen
> und den Himmel in einer Wildblüte,
> halte die Unendlichkeit in deiner Hand
> und die Ewigkeit in einer Stunde.

Es ist nicht gar so schwer, diese poetischen und mystischen Empfindungen nachzuvollziehen, wenn wir natürlich auch nie die tatsächliche Erfahrung dieser empfänglichen Seele kennen werden. Selbst wenn Meister Eckhart erklärt: «Das Auge, darin ich Gott sehe, ist das Auge, darin Gott mich sieht», oder wenn Plotin von dem spricht, was der Geist, sich zurückwendend, denkt, bevor er sich selbst denkt – selbst dann ist unser Verstand noch nicht gänzlich überfordert, und wir können uns immer noch, wenn auch vage, die Idee vergegenwärtigen, die hier zum Ausdruck kommt. Bei den Äußerungen der Zen-Meister hilft unser übliches Verstehen uns jedoch überhaupt nicht mehr weiter. Auch ihre positiven Aussagen sind an der Oberfläche so gegenstandslos, unangemessen, irrational, ja unsinnig, daß niemand, der noch keinen

Einblick in das Wesen des Zen gewonnen hat, sich einen Reim darauf machen kann.

In fast allen Traditionen sehen wir, daß selbst große Mystiker nicht ganz frei sind von Ideen und in der Regel «Spuren» hinterlassen, die es einem ermöglichen sollen, ihren erhabenen Bewußtseinsstand zu erreichen. Plotins «Hinfliehen vom Einen zum Einen» ist ein großes mystisches Wort, das bekundet, in welche Tiefe des Bewußtseins er vorgedrungen war. Aber es haftet immer noch etwas Spekulatives oder Metaphysisches daran, und wenn wir es den weiter unten zitierten Zen-Sprüchen gegenüberstellen, so «stinkt» es, wie die Meister sagen würden, immer noch nach Erleuchtung. Zen verwirft das Spekulieren keineswegs, denn es ist nun mal eine der Möglichkeiten unseres Geistes, aber für das Essentielle spielen Spekulationen keine Rolle, und hier, glaube ich, hat Zen eine Entwicklung genommen, die in der Geschichte der Mystik in Ost und West ohnegleichen ist. Betrachten wie wieder ein paar Beispiele:

Ein Mönch fragte Chao-chou: «Die Zehntausend Dinge gehen auf Eins zurück. Worauf geht dieses eine zurück?»

Chao-chou sagte: «Als ich in Ch'ing-chou lebte, machte ich mir ein Gewand, das wog sieben Pfund.»*

Ein Mönch fragte Hsiang-lin (Kyōrin): «Was ist der Sinn von des Patriarchen Kommen aus dem Westen?»

Hsiang-lin sagte: «Vom langen Sitzen müde.»**

Worin besteht die logische Beziehung zwischen dieser Frage und der Antwort? Geht es hier um Bodhidharmas neun Jahre des Sitzens «der Wand gegenüber», wie es in der Überlieferung heißt? Und wenn ja, war seine Sendung dann vielleicht viel Lärm um nichts und diese Müdigkeit das einzige, was dabei herauskam?

* *Pi-yen-lu*, 45. Beispiel.

** *Pi-yen-lu*, 17. Beispiel.

Im 44. Beispiel des *Pi-yen-lu* erleben wir Meister Ho-shan (Kasan), wie er «die Trommel schlägt». Einst wurde er von einem Mönch gefragt, was der Buddha sei.
Ho-shan sagte: «Borom-tom-tom!»

Patriarch Ma-tsu war krank.* Der Klosterverwalter fragte: «Wie ist es dem Meister in den letzten Tagen gegangen?»
Der Patriarch sagte: «Buddha mit dem Sonnen-Antlitz; Buddha mit dem Mond-Antlitz.»**

Ein Mönch frage Chao-chou: «Wenn der Körper sich auflöst und wieder zu Staub wird, bleibt da ewig ein Ding. Davon wurde mir gesprochen, doch wo hält dieses Ding sich auf?»
Chao-chou sagte: «Es ist wieder windig heute morgen.»

Meister Bokushū (Mu-chou) wurde gefragt: «Wer ist der Lehrer aller Buddhas?» Zur Antwort summte er lediglich eine kleine Weise: «Ting-ting, tung-tung, ku-ti, ku-tung.»
Auf die Frage, was Zen sei, gab er einmal die Antwort: *«Namu-sambo!»* («Gelobt seien die Drei Kostbarkeiten.») Der Mönch bekannte, daß er nicht verstand, worauf der Meister ausrief: «O du armseliger Frosch, woher hast du dieses schlechte Karma?»
Ein andermal antwortete er auf die gleiche Frage: «*Makahannyaharamitta!*» (*mahāprajñāpāramitā*) Der Mönch konnte jedoch den tiefen Sinn dieser Antwort nicht erfassen, und so fügte der Meister hinzu: «Mein Gewand ist gänzlich zerschlissen nach so vielen Jahren des Gebrauchs, und Teile davon, die lose in Fetzen hingen, wurden fortgeweht zu den Wolken.»
Einst stellte ein Mönch ihm die Frage: «Was ist die Lehre, die über die Buddhas und Patriarchen hinausgeht?»

* Auch wenn das Patriarchat vom Sechsten Patriarchen nicht mehr weitergegeben wurde, werden große Zen-Meister in der Nachfolge von Hui-neng oft ehrenhalber als «Patriarchen» bezeichnet. (Anm. d. Übers.)

** *Pi-yen-lu*, 3. Beispiel

Meister Bokushū hielt augenblicklich seinen Stab hoch und sagte zu den versammelten Mönchen: «Ich nenne dies einen Stab; wie würdet ihr es nennen?»

Niemand gab eine Antwort, und so hob der Meister wieder den Stab und fragte den Mönch: «Fragtest du mich nicht nach der Lehre, die über die Buddhas und Patriarchen hinausgeht?»

Als Nan-yüan Hui-yung (Nan'in Egyō) einmal gefragt wurde, was der Buddha sei, antwortete er: «Was ist nicht der Buddha?» Ein andermal lautete seine Antwort: «Ich habe ihn nicht kennengelernt.» Und wieder ein andermal sagte er: «Warte, bis einer da ist, denn dann werde ich es dir sagen.»

So weit wirken seine Antworten noch nicht gar so unbegreiflich, aber dem Folgenden stehen wir wieder ziemlich hilflos gegenüber. Auf diese dritte Antwort erwiderte der Mönch nämlich:

«Wenn dem so ist, ist in Euch kein Buddha.»

Der Meister sagte, ohne zu zögern: «Darin hast du recht.»

«Worin habe ich recht?» fragte der Mönch erneut.

Nan-yüan sagte: «Heute ist der dreißigste Tag des Monats.»

Kuei-tsung Chih-ch'ang (Kisu Chijo) war einer der begabtesten Schüler von Meister Ma-tsu (Baso). Als er einmal im Garten Unkraut jätete, kam ein in der Philosophie des Buddhismus bewanderter Gelehrter, der den Meister sprechen wollte. Eine Schlange kroch gerade vorbei, und Meister Kuei-tsung tötete sie augenblicklich mit dem Spaten.

Der Mönchs-Philosoph sagte: «Wie lange höre ich nun schon den Namen Kuei-tsung, und wie achtungsvoll habe ich seiner stets gedacht! Und was sehe ich jetzt? – einen Mönch von rüdem Betragen.»

«O Ihr Mönchs-Gelehrter», erwiderte der Meister, «geht lieber in die Halle zurück und trinkt dort eine Schale Tee.»

Einer anderen Quelle zufolge soll Kuei-tsung auf den Vorwurf des Mönchs erwidert haben: «Wer ist hier von rüdem Betragen, Ihr oder ich?»

Der Mönch sagte: «Was ist rüde?»

Der Meister hielt den Spaten hoch. «Was ist fein?» Er nahm eine Haltung wie zum Töten der Schlange ein.

«Wenn dem so ist», sagte der Mönch, «verhaltet Ihr Euch dem Gesetz gemäß.»

«Genug von meinem gesetzlichen oder ungesetzlichen Verhalten; wann saht Ihr mich eigentlich die Schlange töten?»

Der Mönch gab keine Antwort.

Dies mag genügen, um deutlich zu machen, wie frei und ungezwungen Zen mit den großen philosophischen Problemen umgeht, die dem Menschen seit jeher seinen ganzen Einfallsreichtum abverlangen. Ich möchte diesen Teil mit Wu-tsu Fa-yen (Goso Hōen), einem großen Meister des 11. Jahrhunderts, abschließen. Er war der Lehrer von Yüan-wu K'o-ch'in (Engo Kokugon), dem Herausgeber des *Pi-yen-lu* (*Hekigan-roku*). In einer seiner Unterweisungen sagte er:

«Gestern stieß ich auf ein Thema, das ich euch, ihr Schüler, heute nahezubringen gedachte. Aber ein alter Mann wie ich vergißt leicht, und der Gegenstand ist meinem Geist gänzlich entschwunden. Ich kann mich einfach nicht daran erinnern.»

Nach diesen Worten schwieg er eine Weile, doch endlich rief er aus: «Ich vergesse, ich vergesse, ich kann mich nicht erinnern!»

Dann aber fuhr er fort: «Ich weiß, daß es in einem der Sūtras ein Mantra gibt, das man ‹König des guten Gedächtnisses› nennt. Die Vergeßlichen können es rezitieren, und das Vergessene wird ihnen wieder einfallen. Ich werde es versuchen.»

Er rezitierte: *«Om o-lo-lok-kei svāha.»*

In die Hände klatschend und vergnügt lachend, sagte er: «Ich erinnere mich, ich erinnere mich. Dies war es: Wenn ihr den Buddha sucht, könnt ihr ihn nicht sehen. Wenn ihr nach dem Patriarchen ausschaut, könnt ihr ihn nicht sehen. Die

Beutelmelone ist süß bis in die Stiele; die Bittergurke ist bitter bis in die Wurzeln.»

Darauf verließ er ohne ein weiteres Wort das Podium.

BUDDHA IST BUDDHA, ZEN IST ZEN

In einer seiner Predigten umschreibt Meister Eckhart die Beziehung zwischen Gott und Mensch: «Gleichsam so, wie wenn einer vor einem hohen Berge stünde und riefe: ‹Bist du da?›, so würde der Widerschall und -hall zurückrufen: ‹Bist du da?› Riefe er: ‹Komm heraus!›, der Widerhall riefe auch: ‹Komm heraus!›»* Etwas Ähnliches beobachten wir in den Antworten der Zen-Meister, die wir nun unter der Rubrik «Wiederholung» betrachten wollen. Für den Uneingeweihten dürfte es schwer sein, in den inneren Sinn dieser Wiederholungen einzudringen, denn die Worte selbst sind nur Klang, und ihr Sinn erschließt sich, wenn überhaupt, im «Widerhall» als solchem. Das Begreifen muß jedoch ganz aus einem selbst kommen, und der Widerhall bietet dem ernsthaften Wahrheitssucher die Chance zu dieser Selbsterweckung. Wenn der Geist auf einen bestimmten Ton oder Klang eingestimmt ist, bedarf es nur noch eines auslösenden Moments, das in der Regel vom Meister ausgeht, und eine Melodie ertönt, die man nicht erlernt hat, sondern in sich selbst entdeckt. Dieses auslösende Element hat in den folgenden Zitaten die Form der Wiederholung.

Ein Mönch fragte Meister Kaku von Rōya (11. Jh.): «Die essentielle Welt ist klar und rein. Wie erscheinen augenblicklich Berge, Flüsse und die große weite Erde?»

Die Frage stammt aus dem *Shūrangama-Sūtra*, in dem Purna den Buddha fragt, wie es kam, daß das Absolute diese phänomenale Welt hervorbrachte. Das ist ein tiefes philosophisches Problem, an dem die größten Geister aller Zeitalter gerätselt haben. Alle Deutungsversuche blieben bisher auf

* *Deutsche Predigten und Traktate*, S. 258.

die eine oder andere Weise unbefriedigend. Auch der Mönch in unserem Beispiel wünscht Aufklärung über diese Frage, doch was wird er mit der Antwort anfangen?

Kaku sagte: «Die essentielle Welt ist klar und rein. Wie erscheinen augenblicklich Berge, Flüsse und die große weite Erde?»*

Doch damit nicht genug. Später, im 13. Jahrhundert, gab Meister Kidō (Hsü-t'ang) eine weitere Antwort, die die Sache eher noch verwickelter als einfacher machte. In einer seiner Unterweisungen sagte er:

«Als der Mönch Kaku fragte: ‹Die essentielle Welt ist klar und rein. Wie erscheinen augenblicklich Berge, Flüsse und die große weite Erde?›, da kam die Frage wie ein Echo zum Fragenden zurück und sein spirituelles Auge soll dadurch geöffnet worden sein. Ich möchte euch nun fragen, wie das geschehen konnte. Waren nicht Frage und Antwort genau gleich? Was entdeckte der Mönch darin! Laßt es mich erläutern.» Und er schlug mit seinem Hossu gegen den Stuhl und sagte: «Die essentielle Welt ist klar und rein. Wie erscheinen augenblicklich Berge, Flüsse und die große weite Erde?»

Die Frage von Einheit und Vielheit, Geist und Materie, Denken und Wirklichkeit ist schon immer eine der Kernfragen der Philosophie gewesen. Zen gibt weder die Antwort des Idealismus noch die des Realismus, sondern sucht seine ganz eigene Lösung, wie auch im folgenden Beispiel deutlich wird:

Ein Mönch fragte Meister Ch'ang-sha Ching-ts'en (Chōsha Keijin): «Indem wir Berge, Flüsse und die Erde verwandeln, wie schränken wir sie auf das Selbst ein?»

Der Meister erwiderte: «Wie bringen wir, indem wir das Selbst wandeln, Berge, Flüsse und die Erde hervor?»

Der Mönch gab zu erkennen, daß er es nicht wisse, und der Meister sagte daraufhin: «In dieser Stadt südlich des Sees geht es den Menschen gut – wohlfeiler Reis und reichlich Brennholz und ein gedeihliches Miteinander.»

* *Ts'ung-jung-lu*, 100. Beispiel.

T'ou-tzu Ta-t'ung (Tōsu Daidō, 819–914) antwortete: «Der Buddha», wenn er gefragt wurde: «Was ist der Buddha?» Auf die Frage: «Was ist Tao?», sagte er: «Tao.». Auf die Frage «Was ist der Dharma?», sagte er: «Der Dharma.»

Chao-chou fragte Tai-tz'u Huan-chung (Kanchu): «Was ist das Sein [oder die Substanz] von Prajñā?»

Tai-tz'u gab die Frage einfach zurück: «Was ist das Sein von Prajñā?»

Chao-chou lachte von Herzen.

Wir können Prajñā als «höchste Intelligenz» übersetzen, und so muß da etwas sein, dem diese Intelligenz eignet. Daher Chao-chous Frage. Die Antwort, der Widerhall, erklärt nun aber gar nichts, jedenfalls nicht auf der begrifflichen Ebene. Die Zen-Meister geben uns keine an den Verstand gerichteten Hinweise, wie wir «hinter» das kommen können, was wir an der Oberfläche sehen. Wenn wir intellektuell zu verstehen versuchen, entzieht Es sich uns gänzlich. Wir müssen den Zugang also von einer anderen Bewußtseinsebene her suchen. Solange wir nicht wenigstens für einen Augenblick den Bewußtseinsstand der Meister erreichen, solange wir uns also nicht von unserem «gesunden Menschenverstand» freimachen können, gibt es nichts, was uns die scheinbar so sinnlosen Wiederholungen der Meister begreiflich machen kann.

In allen diesen Fällen geht es den Meistern darum, uns einen Hinweis zu geben, wo die Wahrheit des Zen erfahren werden kann, aber sie verwenden die Sprache hier nicht im gewohnten Sinne als Mittel für die Kommunikation von Ideen. Sprache ist hier vielmehr das Lautwerden eines inneren Zustands, nicht Ausdrucksmittel für Ideen; daher wird sie völlig unverständlich, wenn wir uns den Sinn der Worte anhand ihres Bedeutungsgehalts klarzumachen versuchen.

Die Worte der Zen-Meister sind in den zitierten Fällen unmittelbarer Ausdruck einer spirituellen Erfahrung. In den Worten einen Sinn zu suchen ist müßig, aber in uns selbst, in unserem Geist, können wir den Sinn entdecken, wenn er zur gleichen Erfahrung erweckt wird. Wenn wir also die Sprache der Zen-Meister verstehen, dann ist es ein Verstehen unserer selbst und nicht des Bedeutungsgehalts der Sprache, der nur Ideen enthält, nicht aber die Erfahrung selbst. Daher kann niemand Zen verstehen, der noch keine Zen-Erfahrung gemacht hat, ebenso wie niemand die Süße des Honigs versteht, der noch keinen Honig gekostet hat. Das Wort «honigsüß» ist für sie eine bloße Idee ohne wirklichen Sinn, ein lebloses Wort.

Wu-tsu Fa-yen (Goso Hōen) studierte zunächst die Sūtras und die Schriften der Yogāchāra-Schule und stieß dabei auf folgende Passage: «Wenn der Bodhisattva den Weg der Erkenntnis beschreitet, so findet er, daß der unterscheidende Intellekt identisch ist mit dem Prinzip und die objektive Welt mit der höchsten Intelligenz; da ist keine Unterscheidung zu treffen zwischen dem Erkennenden und dem Erkannten.» Die Gegner der Yogāchāra-Schule hielten dagegen, wenn das Erkennen und das Erkannte nicht zu unterscheiden seien, wäre Erkenntnis gar nicht möglich. Die Yogāchāra-Anhänger wußten darauf keine Antwort, doch Hsüan-chuang, der sich zu der Zeit gerade in Indien aufhielt, befreite sie aus dieser Verlegenheit und sagte: «Es ist wie Wassertrinken; man weiß einfach, ob es kalt oder warm ist.» Als Wu-tsu dies las, stellte sich ihm die Frage: «Was ist das, was einen ‹einfach wissen› macht?» So kam er auf den Zen-Weg, denn seine Yogāchāra-Freunde, allesamt Philosophen, konnten ihn darüber nicht aufklären, so daß er sich schließlich an einen Zen-Meister wandte.

Bevor wir zum nächsten Thema übergehen, möchte ich noch einige Fälle von «Widerhall» zitieren. Fa-yen Wen-i (Hōgen Bun'eki, 885–958) war der Begründer der Hōgen-Schule des Zen. Er fragte einen seiner Schüler: «Wie faßt du dies auf: ‹Ist da auch nur der kleinste Unterschied, klaffen Himmel und Erde weit auseinander›?»

Der Schüler sagte: «Ist da auch nur der kleinste Unterschied, klaffen Himmel und Erde weit auseinander.»

Fa-yen entgegnete jedoch, solch eine Antwort genüge nicht.

Der Schüler sagte: «Ich weiß nichts anderes; wie faßt Ihr es auf?»

Augenblicklich sagte der Meister: «Ist da auch nur der kleinste Unterschied, klaffen Himmel und Erde weit auseinander.»

Fa-yen war ein Meister der Wiederholung, wie ein weiteres interessantes Beispiel zeigt. Te-shao (Tokushō) hatte sich unter mehr als fünfzig Meistern geschult, doch die Wahrheit des Zen war ihm nicht aufgegangen. Als er schließlich zu Fa-yen kam, hatte er es bereits aufgegeben, sich intensiv zu bemühen, und fügte sich einfach in die Routine des Mönchslebens.

Eines Tages bei der Unterweisung fragte ein Mönch den Meister: «Was ist ein Tropfen Wasser, der aus der Quelle Ts'ao* tropft?»

Der Meister sagte: «Das ist ein Tropfen Wasser, der aus der Quelle Ts'ao tropft.»

Der Mönch konnte mit dieser Wiederholung nichts anfangen und stand ratlos da, aber bei Te-shao, der neben ihm stand, öffnete sich das geistige Auge für den inneren Sinn des Zen. Alle seine heimlichen Zweifel wurden augenblicklich zerstreut, und er war von Stund' an ein gänzlich anderer Mensch.

Solche Beispiele zeigen, daß Zen nicht in Worten und Ideen zu finden ist, sich aber durchaus der Worte bedienen kann, um sich den Menschen zu vermitteln. Die Wahrheit des Zen in den Worten und doch nicht in den Worten zu erfassen ist eine große Kunst, und der Weg dorthin führt über viele gescheiterte Versuche. Te-shao kam schließlich zu dieser Erfahrung und suchte später nach besten Kräften, die Einsicht zu

* Gemeint ist Ts'ao-ch'i, wo der Sechste Patriarch sich niederließ, also der eigentliche Geburtsort des chinesischen Zen-Buddhismus.

vermitteln, die ihm bei Meister Fa-yen zuteil geworden war. Das folgende Mondō, in dem wir ihn als Zen-Meister eines Klosters erleben, zeigt dies deutlich:

Als Te-shao die Halle betrat, fragte ihn ein Mönch: «Soweit ich weiß, hat ein Weiser in alter Zeit gesagt: ‹Wenn ein Mensch Prajñā sieht, ist er daran gebunden; wenn er sie nicht sieht, ist er ebenfalls daran gebunden.› Nun wüßte ich gern, wie es sein kann, daß ein Mensch, der Prajñā sieht, daran gebunden ist.»

Der Meister sagte: «Sage du mir, was es ist, das von Prajñā gesehen wird.»

Der Mönch fragte: «Wenn ein Mensch nicht Prajñā sieht, wie kann er daran gebunden sein?»

Der Meister sagte: «Sage du mir, ob es irgend etwas gibt, das nicht von Prajñā gesehen wird.» Dann fuhr er fort: «Prajñā, die gesehen wird, ist nicht Prajñā; Prajñā, die nicht gesehen wird, ist nicht Prajñā: Wie könnte Prajñā gesehen oder ungesehen genannt werden? Daher heißt es seit alters: Wenn ein Ding fehlt, ist der Dharmakāya nicht vollständig; wenn ein Ding zuviel ist, ist der Dharmakāya nicht vollständig; wenn da ein Ding zu behaupten ist, so ist der Dharmakāya nicht vollständig; wenn da nichts zu behaupten ist, so ist der Dharmakāya nicht vollständig. Dies ist das Wesen von Prajñā.»

Hier kann die Wiederholung bis zu einem gewissen Grade begreifbar werden.

KEINE ERKLÄRUNG

Das Prinzip der Unterweisungsmethoden, die von den Zen-Meistern angewendet werden, besteht nach dem bisher Gesagten darin, daß im Bewußtsein des Schülers etwas geweckt wird, vermöge dessen er die Wahrheit des Zen intuitiv erfassen kann. Deshalb schlagen die Meister stets den direkten Weg ein und verschwenden keine Zeit mit weitschweifigen

Erläuterungen. Sie führen die Wortwechsel auf sehr zupakkende Art und kümmern sich dabei offenbar nicht um die Logik. Die dargestellten Methoden zeigen, daß die «Antwort» durchaus nicht etwas erklären soll, sondern auf den Weg zum intuitiven Erfassen des Zen hinweist.

Die Wahrheit als etwas Äußeres zu sehen, das von einem Subjekt erkannt werden soll, ist der dualistische Ansatz des intellektuellen Verstehens, aber gemäß der Zen-Anschauung leben wir bereits in dieser Wahrheit und durch diese Wahrheit und können nicht von ihr unterschieden oder gesondert werden. So sagt Meister Hsüan-sha (Gensha): «Wir leben hier wie ins Wasser eingetaucht, Kopf und Schultern im Großen Ozean, und doch, wie jammervoll recken wir unsere Hände nach Wasser.» Als ein Schüler ihn fragte: «Was ist mein Ich?», erwiderte er augenblicklich: «Was willst du denn mit einem Ich?» Wenn wir das intellektuell analysieren, so heißt es, daß wir mit dem bloßen Sprechen über ein «Ich» bereits die Dualität von Ich und Nicht-Ich setzen und nicht mehr sehen können, daß wir «im Wasser» sind. Besser, wir betteln gar nicht erst um Wasser, denn indem wir das tun, definieren wir es ja als etwas Äußeres und nehmen uns damit selbst etwas fort, was stets unser eigen ist.

Das folgende Beispiel kann im selben Licht interpretiert werden:

Ein Mönch kam zu Hsüan-sha und fragte: «Wenn ich es recht verstehe, sagt Ihr: ‹Das ganze Universum ist ein durchsichtiger Kristall.› Wie erfasse ich dessen Sinn?»

Der Meister sagte: «Das ganze Universum ist ein durchsichtiger Kristall, und welchen Wert hat es, das zu verstehen?»

Am folgenden Tag fragte der Meister selbst diesen Mönch: «Das ganze Universum ist ein durchsichtiger Kristall, und wie verstehst du das?»

Der Mönch sagte: «Das ganze Universum ist ein durchsichtiger Kristall, und welchen Wert hat es, das zu verstehen?»

Der Meister sagte: «Ich weiß, daß du in der Höhle der Dämonen lebst.»

Hier scheint die Wiederholung so etwas wie einen intellektuellen Zug zu bekommen. Jedenfalls aber läßt Zen sich niemals auf unser zergliederndes Denken ein, sondern deutet direkt auf die Sache selbst. Einst weilte ein Offizier zu Gast bei Hsüan-sha, und jener bewirtete ihn mit Tee. Der Offizier fragte: «Es heißt: ‹Obgleich wir es alle Tage haben, erkennen wir es nicht.› Was bedeutet das?»

Hsüan-sha antwortete nicht, sondern bot ihm ein Stück Gebäck. Der Offizier aß es und stellte dann seine Frage noch einmal. Darauf sagte Gensha: «Nur wissen wir es nicht, auch wenn wir es jeden Tag gebrauchen.» Das war offenbar Anschauungsunterricht.

Ein andermal kam ein Mönch zu ihm und wünschte zu erfahren, wie man auf den Pfad der Wahrheit gelangt.

Hsüan-sha fragte: «Hörst du das Murmeln des Baches?»

«Ich höre es», sagte der Mönch.

Der Meister sagte: «Da ist eine Möglichkeit, hinzugelangen.»

Das war Hsüan-shas Methode, den Wahrheitssuchenden in sich selbst erkennen zu lassen, um was es ging, anstatt ihm lediglich ein Wissen aus zweiter Hand zu vermitteln. «Ein begriffener Gott ist kein Gott», lesen wir bei Tersteegen.

Kein Wunder also, daß die Zen-Meister auf Fragen häufig nur mit einem Ausruf reagieren, anstatt sie zu beantworten. Solange Worte gebraucht werden, haben wir immer noch das Gefühl, wir könnten vielleicht irgendwie hinter ihren Sinn kommen, aber mit einer Äußerung, die keinerlei Bedeutungsgehalt aufweist, können wir überhaupt nichts mehr anfangen.

Unter den Zen-Meistern, die häufig mit einem kurzen Ausruf antworteten, sind Yün-men (Ummon) und Lin-chi (Rinzai) die bekanntesten. Yün-mens Ausruf lautete «Kan!», und Lin-chi war berühmt für sein donnerndes «Ho!» Über Yün-mens «Kan!» hören wir im *Pi-yen-lu*:

Gegen Ende der Sommerzeit sagte Ts'ui-yen (Suigan) bei der Unterweisung der Mönche: «Den ganzen Sommer lang habe ich zu euch gesprochen, ihr jüngeren und älteren Brüder; seht her, ob Ts'ui-yen noch seine Augenbrauen hat.» [Dies bezieht sich auf die überlieferte Anschauung, daß ein Mensch, der falsche Aussagen über den Buddha-Dharma macht, alles Gesichtshaar verlieren wird.]

Pao-fu (Hofuku) sagte: «Bei Leuten, die stehlen, ist das Herz voller Furcht.»

Ch'ang-ch'ing (Chōkei) sagte: «Gewachsen sind sie!»

Yün-men sagte: «Halt!»*

Dieses «Halt!» ist die Übersetzung des japanischen *Kan*, wörtlich «Schranke». Wir dürfen den Ausdruck jedoch nicht unter dem Gesichtspunkt dieses Bedeutungsgehalts betrachten; er ist einfach nur «Kan!», ein Ausruf, der keine analytische oder intellektuelle Interpretation erlaubt. Meister Hsüeh-tou (Setchō), der die 100 Beispiele des *Pi-yen-lu* (*Hekigan-roku*) sammelte und mit Lobsprüchen versah, sagt dazu: «Er ist wie einer, der nicht nur sein Geld verliert, sondern auch noch angeklagt wird», und Meister Hakuin meint: «Selbst eine zornige Faust schlägt nicht in ein lächelndes Gesicht.» Yün-mens Ausruf läßt sich kaum anders kommentieren als so. Machen wir auch nur den Ansatz zu einer begrifflichen Interpretation, so sind wir «zehntausend Meilen entfernt hinter den Wolken», wie die Chinesen sagen.

Das «Ho!» wird zwar heute im allgemeinen mit dem Namen Lin-chi assoziiert, doch wir finden es schon bei Meister Ma-tsu (Baso), der es ausrief, als er von seinem Schüler Pai-chang (Hyakujō) um Zen-Unterweisung gebeten wurde. Pai-chang soll danach drei Tage lang taub gewesen sein. Es geht jedoch vor allem auf Meister Lin-chi zurück, daß das laute «Ho!» zu einem systematisch angewandten und sehr wirkungsvollen Mittel der Zen-Schulung und geradezu ein Kennzeichen der Lin-chi-(Rinzai)-Schule wurde. Unter Lin-

* *Pi-yen-lu*, 8. Beispiel.

chis Schülern kam das «Ho!»-Schreien so sehr in Mode, daß der Meister sich schließlich zu folgender Bemerkung veranlaßt sah: «Ihr seid alle so sehr darauf aus, meinen Schrei zu lernen, doch ich möchte euch fragen: Angenommen, einer käme aus der Osthalle und ein anderer aus der Westhalle und beide riefen gleichzeitig: «Ho!»; dennoch, so sage ich, sind Subjekt und Prädikat hierin klar zu unterscheiden. Doch wie unterscheidet ihr sie? Wer sie nicht unterscheiden kann, dem untersage ich hinfort, meinen Ausruf nachzuahmen.»

Lin-chi unterschied vier Arten des «Ho!»: «Manchmal ist es wie das Diamantschwert des Vajra-Königs; manchmal ist es wie der goldhaarige Löwe, der sich geduckt anschleicht; manchmal ist es wie eine Lockstange, an deren Ende ein Büschel Gras baumelt; manchmal ist es überhaupt kein Ho.»

Lin-chi fragte einst seinen Schüler Lo-p'u (Rakuho): «Einer hat den Stock gebraucht, ein anderer das ‹Ho!›. Wer, glaubst du, ist der Wahrheit näher?»

Der Schüler antwortete: «Keiner von beiden.»

Der Meister fragte: «Was ist dann am nächsten?»

Rakuho rief: «Ho!»

Der Meister schlug ihn.

Außer den bis hierher unter sieben Gesichtspunkten angeführten «geschickten Mitteln» (*upāya kaushalya*) gibt es noch einige andere, die ich kurz vorstellen möchte. Eines davon ist das Schweigen. Vimalakīrti schwieg, als Mañjushrī ihn über die Lehre der Nicht-Zweiheit befragte, und sein Schweigen wurde später von einem Meister «ohrenbetäubend wie Donner» genannt. Ein Mönch bat Meister Pa-chiao Hui-ch'ing (Basho Esei), ihm ohne irgendein begriffliches Hilfsmittel das «Ur-Angesicht» zu zeigen. Der Meister blieb sitzen und schwieg. Als Tzu-fu (Shifuku) um ein dem Bewußtseinsstand des Fragenden angemessenes Wort gebeten wurde, schwieg er. Wen-hsi (Bunki) war ein Schüler von Yang-shan (Kyōzan); ein Schüler stellte ihm die Frage: «Was ist das Ich?», doch der Meister schwieg. Der Mönch wußte damit nichts anzufangen und wiederholte seine Frage. Der Meister sagte:

«Wenn der Himmel bewölkt ist, kann der Mond nicht hervorscheinen.» Ein Mönch fragte Ts'ao-shan (Sōzan): «Wie kann das unaussprechliche Schweigen offenbart werden?» Der Meister sagte: «Letzte Nacht um Mitternacht verlor ich drei Pfennig an meinem Bett.»

Manchmal bleibt der Meister «eine kleine Weile» (*liang-chiu*) schweigend sitzen, entweder auf eine Frage hin oder während der Unterweisung. Während dieser «kleinen Weile» verstreicht aber nicht einfach nur Zeit, wie wir an den folgenden Beispielen sehen können:

Ein Mönch kam zu Meister Shou-shan (Shuzan) und sagte: «Spielt mir bitte eine Weise auf einer saitenlosen Harfe.»

Der Meister schwieg eine kleine Weile und fragte dann: «Hörst du?»

«Nein, ich höre nicht.»

«Warum fragtest du nicht lauter?»

Ein Mönch fragte Meister Pao-fu: «Es heißt: Wenn man den Pfad des Ungeschaffenen erkennen möchte, soll man seinen Ursprung kennen. Was ist der Ursprung, Meister?»

Pao-fu schwieg eine Weile und fragte dann seinen Aufwärter: «Was fragte der Mönch mich noch gleich?»

Als der Mönch die Frage wiederholte, jagte der Meister ihn hinaus und schrie: «Ich bin nicht taub!»

Betrachten wir als nächstes die Methode der Gegenfrage. Im Zen ist eine Frage im allgemeinen keine Frage im gewöhnlichen Sinne, bei der es um eine Information geht; daher sind auch die Antworten alles andere als das, was wir für gewöhnlich darunter verstehen. Auch eine Gegenfrage kann solch eine Nicht-Antwort sein:

Ein Mönch bat Meister Tzu-ming (Jimyō), «den Sinn von Bodhidharmas Kommen aus dem Westen» zu erläutern. Der Meister sagte: «Wann kamst du?»

Als Lo-shan Tao-hsien (Rasan Dōkan) gefragt wurde: «Wer ist der Meister der Drei Welten?», erwiderte er: «Verstehst du es, Reis zu essen?»

Hang-chou T'ien-lung (Kōshū Tenryū), der Lehrer von Chü-chih (Gutei), wurde von einem Mönch gefragt: «Wie werden wir von den Drei Welten erlöst?» Er sagte: «Wo bist du eben jetzt?»

Ein Mönch fragte Chao-chou: «Was würdet Ihr sagen, wenn ein Mensch ohne einen Fetzen Stoff am Leibe ist?»

«Was, sagtest du, hat er nicht am Leib?»

«Einen Fetzen Stoff, Meister.»

«Sehr gut, dieses Keinen-Fetzen-Stoff-Haben.»

Wir könnten wohl endlos weitere Beispiele anführen für die verschiedenen «Mittel», die die Zen-Meister zum Wohl ihrer wahrheitsdurstigen Schüler anwenden. Ich möchte diesen Teil abschließen mit zwei Beispielen, in denen Frage und Antwort sich im Kreis zu drehen scheinen. Man mag hier vielleicht auch so etwas wie absoluten Monismus entdecken, in dem alle Unterschiede ausgelöscht werden; ob freilich die Zen-Meister zu dieser Anschauung neigen, erscheint zweifelhaft, denn sie bestätigen zwar die absolute Identität von *meum et tuum*, übersehen dabei jedoch nicht die Besonderheiten des Einzelnen.

Ein Mönch fragte Tai-sui (Daizui): «Was ist mein Selbst?»

Der Meister sagte: «Das ist mein Selbst?»

Der Schüler fragte: «Wie kommt es, daß mein Selbst Euer Selbst ist?»

Der Meister sagte: «Das ist dein Selbst.»

Um dies zumindest logisch zu verstehen, können wir uns die Frage des Schülers und die Antwort des Meisters so erweitert denken: «Was ist mein unwissendes (verwirrtes, menschliches) Selbst?» – «Das ist mein erleuchtetes (Buddha-, göttliches) Selbst.» Ohne Tai-suis abschließende Bemerkung könnte man hier allerdings eine Art pantheistische Philosophie im Hintergrund vermuten.

Was Taisui meint, wird in der folgenden Begegnung zwischen San-sheng Hui-jan (Sanshō Enen) und Yang-shan Huichi (Kyōzan Ejaku), die uns das *Pi-yen-lu* (68. Beispiel) berichtet, noch deutlicher:

Yang-shan fragte San-sheng: «Was ist dein Name?»

San-sheng sagte: «Hui-chi.»

Yang-shan sagte: «Hui-chi, das bin ich.»

San-sheng sagte: «Mein Name ist Hui-jan.»

Yang-shan lachte ein großes Gelächter.

Dieser Austausch erinnert uns an die große hinduistische Weisheit *tat tvam asi* – «Das bist du» –, aber der Unterschied zwischen dieser Weisheit und den eben gehörten Beispielen ist der Unterschied zwischen Vedānta-Philosophie und Zen-Buddhismus, oder sagen wir, zwischen indischem Idealismus und chinesischem Realismus. Letzterer generalisiert nicht und spekuliert nicht auf so hohen Abstraktionsebenen, daß der Bezug zum realen Leben verlorengeht.

Nach den Lehren der Kegon-Schule (Hua-yen-Schule, Skrt. Avatamsaka) gibt es eine spirituelle Welt, worin jedes Einzelding alle anderen Einzeldinge enthält und nicht alle Einzeldinge im Großen All aufgehen. Wenn man also etwa einen Blumenstrauß aufhebt oder auch nur auf ein Stück Ziegel deutet, so spiegelt sich dort die Welt in ihrer ganzen Vielfalt. Die Zen-Meister, so könnten wir sagen, leben in diesem mystischen Raum, der seine Geheimnisse im Augenblick der Vollkommenen Universalen Erleuchtung (*anuttara-samyak-sambodhi*) preisgibt.

DIREKTES HINWEISEN

Wir kommen nun zum charakteristischsten Zug des Zen, durch den es sich nicht nur von allen anderen Schulen des Buddhismus unterscheidet, sondern überhaupt von sämtlichen Formen der Mystik, die uns bekannt sind. Bisher haben wir die Möglichkeiten betrachtet, die Wahrheit des Zen in –

wenn auch rätselhaften – Worten zum Ausdruck zu bringen; jetzt aber soll es um die Anwendung noch direkterer «geschickter Mittel» gehen. Die Wahrheit des Zen ist ja die Wahrheit des Lebens, und Leben ist mehr als Reflektieren, nämlich Bewegung und Handeln. Liegt es da nicht nahe, daß Zen sich darauf hin entwickelte, seine Wahrheit zu leben, anstatt sie in Worten, also durch Ideen, darzulegen? Im tatsächlichen Vollzug des Lebens ist keine Logik, denn das Leben steht über der Logik. Wir meinen, die Logik beeinflusse das Leben, aber in Wirklichkeit ist der Mensch kein gar so rationales Wesen, wie wir glauben. Gewiß, er legt sich die Dinge mit Hilfe des Verstandes zurecht, aber er handelt selten einfach nach seinen Vernunfteinsichten. Es gibt etwas, das stärker ist als alles Vernunftdenken; wir können es Impuls oder Instinkt oder ganz umfassend Wille nennen. Wo dieser Wille wirkt, ist Zen, aber die Frage, ob Zen eine Philosophie des Willens sei, würde ich dennoch nicht ohne weiteres bejahen. Falls es überhaupt sinnvoll ist, Zen irgendwie erklären zu wollen, so sollte es eine dynamische und keine statische Erklärung sein. Hebe ich die Hand, so ist da Zen. Spreche ich aus, daß ich die Hand erhoben habe, so ist Zen höchstwahrscheinlich schon nicht mehr da. Und wenn ich die Existenz von etwas annehme, das ich Wille oder sonstwie nenne, so ist da auch kein Zen. Nicht daß Aussagen und Annahmen grundsätzlich falsch wären; nur ist eben kein Zen in ihnen: Es ist dreitausend Meilen weit weg, so heißt es. Eine Aussage ist nur dann Zen, wenn sie selbst ein unmittelbares Handeln ist und nicht auf das verweist, was wir normalerweise ihren «Inhalt» nennen. Im Finger, der auf den Mond deutet, ist kein Zen, wohl aber in dem Finger selbst, sofern er aller äußeren Bezüge ledig ist.

Das Leben malt sich selbst auf die Leinwand namens Zeit, und die Zeit wiederholt sich nicht – einmal vergangen, für immer vergangen. So auch das Handeln – einmal getan, nie mehr ungetan. Das Leben ist ein Sumie-Bild (Tuschemalerei auf Reispapier), das ohne Zögern und ohne Nachdenken «in einem Guß» entstehen muß, und es sind keine Korrekturen möglich. Das Leben ist nicht wie ein Ölgemälde, bei dem fortgewischt oder übermalt werden kann, bis der Künstler zufrieden ist. Wollte man bei einem Sumie-Bild übermalen, es käme nur eine Kleckserei heraus, aus der alles Leben gewichen ist. Die Korrekturen zeigen sich, wenn die Tusche trocknet. So ist das Leben. Wir können nicht zurücknehmen, was einmal Tat geworden ist, ja, wir können nicht einmal ungeschehen machen, was je durch unser Bewußtsein zog. Zen ist daher nur zu ergreifen, solange etwas gerade geschieht, weder vorher noch nachher. Als Bodhidharma, wie eine Legende berichtet, nach Indien zurückzukehren gedachte, rief er seine Schüler zusammen, um ihre Verwirklichung seiner Lehre zu prüfen. Eine Nonne sagte: «Wie ich es verstehe, ist die Wahrheit wie eine glückverheißende Schau des Buddha-Paradieses; man sieht sie einmal und dann nie wieder.» Das Flüchtige, Unwiederholbare und Ungreifbare des Lebens haben wir in den Worten der Zen-Meister, die es einem Blitz vergleichen oder dem Funken, der zwischen den zusammenschlagenden Feuersteinen hervorblitzt.

Die direkte Methode der Zen-Meister zielt eben darauf, des flüchtigen Lebens «habhaft» zu werden, während es flieht, nicht, nachdem es entflohen ist. Während es flieht, ist keine Zeit für Erinnerungen oder Ideen. Man kann Worte benutzen, doch die Sprache ist schon so lange mit dem Denken verknüpft, daß sie ihre Direktheit ganz eingebüßt hat. Wo Worte gesprochen werden, beinhalten sie einen Sinn und damit Verstandestätigkeit; sie haben keinen unmittelbaren Bezug zum Leben, sind nur noch ein blasses Echo oder Abbild von etwas, das selbst nicht mehr da ist.

Daher äußern sich die Meister so häufig auf eine Weise, die mit dem Verstand nicht nachzuvollziehen ist. Der Schüler soll sich ganz auf die Sache selbst sammeln können, um die es ihm geht, und jede, auch die entfernteste Möglichkeit der Ablenkung ist auszuschalten. Wenn wir daher nach Bedeutung suchen in Dhāranīs, Ausrufen oder Lautfolgen, die keinen Sinn ergeben, sind wir von Zen weit entfernt. Wir müssen in den Geist selbst eintauchen, in die Quelle des Lebens, aus der all diese Worte unmittelbar hervorgehen. Ein Stockschwingen, ein «Ho!» sind nur in diesem Sinne zu verstehen, als direkteste Demonstration des Lebens – nein, als das Leben selbst. Die direkte Methode verlangt keineswegs immer einen heftigen Ausbruch von Lebenskraft, sondern kann eine sanfte Körperbewegung sein, das Antworten auf einen Ruf, das Lauschen auf das Murmeln eines Baches oder auf den Gesang eines Vogels – jedes ganz alltägliche Geschehen in unserem Leben.

Ling-yün (Reiun) wurde einst gefragt: «Wie waren die Dinge vor dem Erscheinen des Buddha in der Welt?»

Er hob seinen Hossu (Fliegenwedel).

«Wie waren die Dinge nach dem Erscheinen des Buddha?»

Wieder hob er seinen Hossu.

Dieses Heben des Hossu zur Demonstration der Wahrheit des Zen war eine beliebte Methode der Zen-Meister. Wie ich bereits in einem früheren Essay dargestellt habe, waren Hossu und Shippei (Stock) die Insignien des Meisters, und es lag nahe, sie zu gebrauchen, wenn Mönche mit Fragen an ihn herantraten. Einst nahm Meister Huang-po (Ōbaku) auf dem Hohen Sitz Platz, und als die Mönche sich versammelt hatten, nahm er seinen Stock und trieb sie alle hinaus. Als beinah alle draußen waren, rief er sie an, und sie wandten den Kopf um. Der Meister sagte: «Der Mond sieht aus wie ein Bogen, weniger Regen und mehr Wind.» Die Meister wußten den Stock also wirksam zu schwingen, doch wer hätte je gedacht, daß man ausgerechnet einen Stock als Instrument für die Demonstration der tiefsten religiösen Wahrheit verwenden kann?

Chao-chou war, wie die Sammlung seiner «Aussprüche» bezeugt, ein Meister der zielsicheren Erwiderung, doch er wußte auch die direkte Methode zu handhaben. Als er einst am Pult saß, trat ein Mönch vor und verbeugte sich. Ohne jedoch abzuwarten, daß der Mönch sein Anliegen vortrug, legte Chao-chou die Hände zum Abschiedsgruß zusammen. Pai-chang, von seinen Schülern um eine Unterweisung gebeten, schickte sie an die Feldarbeit und versprach, ihnen hernach die große Sache des Buddhismus darzulegen. Sie taten ihre Arbeit, und als sie dann kamen, die Darlegung zu hören, streckte Pai-chang ihnen nur wortlos die Arme entgegen.

Ein Mönch fragte den Landesmeister Chung von Nan-yang: Was ist der Essentielle-Leib von Vairochana*?»

Der Landesmeister sagte: «Bring mir den Wasserkrug.»

Der Mönch holte den Wasserkrug.

Der Landesmeister sagte: «Bring ihn zurück, dorthin, wo er war.»

Der Mönch fragte: «Was ist der Essentielle-Leib von Vairochana?»

Der Landesmeister sagte: «Der alte Buddha ist schon vor langer Zeit dahingegangen.»**

In diesem Fall wandte der Mönch die direkte Methode eigentlich selbst an, unter Anleitung des Meisters, nur leider war er noch nicht reif dazu, seine eigene direkte Methode zu erfassen und «den alten Buddha» loszulassen.

Shih-shuang Ch'ing-chu (Sekisō Keisho) fragte seinen Meister, Tao-wu Yüan-chih (Dōgo Enchi): «Wenn jemand mich nach Eurem Tode nach dem Unübertrefflichen fragt, was soll ich ihm sagen?»

Der Meister erwiderte nichts, sondern rief statt dessen den Aufwärter, der sogleich antwortete. Er sagte: «Fülle den Krug», und schwieg eine kleine Weile.

Dann fragte er Shih-shuang: «Was fragtest du mich eben?»

Shih-shuang wiederholte die Frage, worauf der Meister sich erhob und den Raum verließ.

Zen ist, wie die Meister immer wieder betonen, unser «all-

* Vairochana ist einer der «fünf transzendenten Buddhas»; er gilt als Verkörperung des Dharmakāya, des Absoluten. (Anm. d. Übers.)

** *Ts'ung-jung-lu*, 42. Beispiel.

täglicher Geist»; es gibt hier nichts Übernatürliches oder Hochphilosophisches abseits unseres täglichen Lebens. Wenn du müde bist, legst du dich schlafen, wenn du hungrig bist, ißt du – wie die Vögel unter dem Himmel und die Lilien auf dem Felde. Darum zeugt dieses Bibelwort ganz vom Geist des Zen: «Sorget nicht für euer Leben, was ihr essen und trinken werdet, auch nicht für euren Leib, was ihr anziehen werdet.» Daher bedarf es für die Zen-Schulung auch keiner besonderen Didaktik und erst recht keines «Unterrichts» – außer eben in dieser Weise:

Lung-t'an Ch'ung-hsin (Ryūtan Sōshin) war ein Schüler von T'ien-huang Tao-wu (Tennō Dōgo). Er diente dem Meister als einer seiner persönlichen Aufwärter.

Eines Tages sagte er zum Meister: «Solange ich bei Euch bin, wurde ich noch nicht im Studium des Geistes unterwiesen.»

Der Meister erwiderte: «Seit du bei mir bist, zeige ich dir, wie der Geist zu studieren ist.»

«In welcher Weise?» fragte Lung-t'an.

«Wenn du mir eine Schale Tee brachtest, nahm ich sie nicht? Wenn du mir zu essen brachtest, aß ich nicht? Wenn du dich vor mir verbeugtest, erwiderte ich die Verbeugung nicht? Wann habe ich je versäumt, dich zu unterweisen?»

Lung-t'an stand eine Weile versonnen da.

Der Meister sagte: «Wenn du es sehen willst, so schau es unmittelbar; versuchst du jedoch, darüber nachzudenken, so verfehlst du es gänzlich.»

Tao-wu Yüan-chih (Dōgo Enchi) und Yün-yen T'an-sheng (Ungan Donjō) waren als Aufwärter bei Meister Yüeh-shan (Yakusan). Der Meister sagte: «Wohin euer Intellekt nicht reicht, darüber ermahne ich euch, nicht zu sprechen. Tut ihr es doch, so werden euch Hörner wachsen. Yüan-chih, was sagst du dazu?»

Yüan-chih erhob sich von seinem Platz und verließ den Raum.

Yün-yen fragte den Meister: «Wie kommt es, Meister, daß Bruder Chih Euch nicht antwortet?»

«Mein Rücken schmerzt heute», sagte Yüeh-shan. «Geh lieber zu Yüan-chih selbst, denn er versteht.»

Yün-yen suchte seinen Mönchsbruder auf und fragte: «Warum hast du unserem Meister eben nicht geantwortet?»

Yüan-chih sagte: «Geh lieber zurück und frage den Meister selbst.»

Eine andere häufig geübte Methode besteht darin, den Fragesteller unverhofft anzurufen.

Ein hoher Regierungsvertreter sprach bei Meister Yün-chü Tao-ying (Ungo Dōyō) vor und fragte: «Wie ich höre, hatte der Welt-Verehrte ein geheimes Wort, und Mahākāshyapa hielt es nicht geheim; was war dieses geheime Wort?»

Der Meister rief: «Hoher Herr!», und der Beamte antwortete. «Versteht Ihr?» forschte der Meister.

«Nein, ehrwürdiger Meister», erwiderte dieser.

Yün-chü sagte: «Wenn Ihr nicht versteht, gibt es kein geheimes Wort; versteht Ihr aber, so ist da Mahākāshyapa, vollkommen offenbar.»

P'ai-hsiu (Haikyu) war Präfekt von Hsin-an (Shinan), bevor er zum Staatsminister ernannt wurde. Einmal besichtigte er das buddhistische Kloster seines Regierungsbezirks. Beim Rundgang fiel ihm ein Wandgemälde auf, und er fragte die Priester, die ihn begleiteten, wessen Porträt das sei.

«Er war einer der Äbte», antworteten sie.

Der Präfekt fragte weiter: «Hier ist sein Bildnis, doch wo ist der Abt selbst?»

Auf diese Frage wußten sie nichts zu antworten, und so erkundigte er sich, ob es im Kloster keine Zen-Mönche gebe.

Sie sagten: «Wir haben einen Neuling, der niedrige Arbeiten verrichtet und ganz so aussieht, als wäre er ein Zen-Mönch.»

Man brachte den Mönch herbei, und P'ai-hsiu sprach ihn sogleich an: «Ich habe eine Frage, über die ich Aufschluß wünsche, doch die Herren hier wollen nicht recht antworten. Darf ich Euch bitten, mir an ihrer Stelle ein Wort zu sagen?»

«Bitte, fragt», erwiderte in aller Ehrerbietung der Mönch.

P'ai-hsiu wiederholte eine Frage, aber statt einer Antwort rief der Mönch laut: «O P'ai-hsiu!»

«Hier!» rief P'ai-hsiu sofort zurück.

Der Mönch fragte: «Wo ist der Abt jetzt?»

Das öffnete dem Präfekten die Augen, und in dieser Gegenfrage fand er die Antwort auf seine eigene Frage.

Yang-shan (Kyōzan) war der bedeutendste Schüler von Meister Kuei-shan (Isan) und wurde dessen Dharma-Nachfolger. Zwischen ihnen herrschte ein solcher Einklang des Temperaments und der geistigen Schau, daß man von ihnen sagte: «Vater und Sohn singen mit einem Mund.»

Einst sammelten sie gemeinsam Teeblätter. Der Meister sagte zu Yang-shan: «Wir pflücken den ganzen Tag Teeblätter, und ich höre nur deine Stimme, sehe aber nicht deinen Leib; manifestiere deinen Ur-Leib, und laß mich ihn sehen.»

Yang-shan schüttelte den Teestrauch.

Kuei-shan sagte: «Du hast nur sein Wirken, seine Substanz hast du nicht.»

Yang-shan sagte: «Wie steht es denn mit Euch, Meister?»

Der Meister verhielt sich eine Weile still.

Yang-shan sagte: «Ihr habt nur seine Substanz, sein Wirken habt Ihr nicht.»

Kuei-shan sagte: «Ich erlasse dir meine zwanzig Schläge.»

Bislang war bei unserer Erörterung der direkten Methode noch nicht von Handgreiflichkeiten die Rede. Wenn es die Situation erforderte, hatten die Meister keinerlei Bedenken, ihre Schüler auch einmal ordentlich durchzuschütteln. Linchi etwa war für direkte und durchgreifende Maßnahmen bekannt; die Spitze seines Schwertes traf mitten ins Herz:

Der Mönchsälteste Ting (Jō) fragte Lin-chi: «Was ist der Große Sinn von Buddhas Dharma?»

Lin-chi trat von seinem Sitz herunter, packte ihn, schlug ihn mit der Hand und stieß ihn weg.

Ting stand benommen da.

Der Mönch neben ihm sagte: «Mönchsältester Ting, warum werft Ihr Euch nicht nieder?»

Ting, als er sich niederwarf, erlebte tiefe Erleuchtung.*

Als Ting später eine Brücke überquerte, begegneten ihm drei buddhistische Gelehrte, von denen einer ihn fragte: «Der Zen-Fluß ist tief, und sein Grund muß ausgelotet werden. Was bedeutet das?»

Ting packte den Fragesteller und war drauf und dran, ihn von der Brücke zu stoßen, als seine beiden Freunde sich ins Mittel legten und Ting baten, den Missetäter gnädig zu behandeln.

Ting ließ den Gelehrten los und sagte: «Hätten seine Freunde sich nicht für ihn eingesetzt, ich hätte ihn den Grund des Flusses selbst ausloten lassen.»

Für Menschen dieser Art war Zen kein Spaß, kein Spiel mit Ideen, sondern etwas sehr Ernstes, für das sie auch ihr Leben einzusetzen bereit waren.

Lin-chi war ein Schüler von Huang-po (Ōbaku), doch erhielt er von seinem Meister nie das, was wir Zen-Unterweisung nennen würden, denn sooft er ihn über die Grundwahrheit des Buddhismus befragte, erhielt er nichts als Schläge. Doch diese Schläge öffneten schließlich sein Auge für die Große Wahrheit des Zen und ließen ihn ausrufen: «Wahrhaftig, es hat nicht viel auf sich mit Huang-pos Buddhismus!»

Das wenige, was in China und Korea vom Zen überlebt hat, gehört der Lin-chi-(Rinzai-)Schule an. In Japan ist daneben nur noch der Sōtō-Zweig lebendig. Was im Zen heute noch lebendig ist, geht auf die Schläge von Meister Huang-po zurück, die er seinem armen Schüler so liebe- und erbarmungsvoll versetzte. Es liegt in der Tat mehr Wahrheit in einem Schlag oder Tritt als in wortreichen Diskursen. Und

* *Pi-yen-lu*, 32. Beispiel.

zweifellos meinten es die Meister sehr ernst, wenn es um eine Demonstration des Zen ging:

Als Teng Yin-feng (Tō Impo) einmal eine Karre schob, bemerkte er die Beine seines Meisters, Ma-tsu (Baso), die jener ein wenig zu weit auf den Weg gestreckt hatte. Er sagte: «Bitte, Meister, zieht Eure Beine ein wenig zurück.»

Der Meister sagte: «Was sich einmal ausgestreckt hat, wird nicht mehr eingezogen.»

Teng sagte: «Nun denn, was einmal geschoben ist, wird nicht mehr zurückgezogen», und so fuhr die Karre dem Meister recht schmerzhaft über die Beine.

Später betrat Ma-tsu mit einer Axt die Dharma-Halle und sagte zu den versammelten Mönchen: «Derjenige, der vorhin die Beine des Meisters verletzte, soll vortreten.»

Teng trat vor und beugte den Nacken, um die Axt zu empfangen, doch der Meister setzte sie nur still ab.

Teng war bereit, sein Leben zu geben, um die Wahrheit dieser Tat zu bekräftigen, durch die der Meister verletzt wurde. Nachgemachtes und Schein-Zen gab es überall in Hülle und Fülle, und Ma-tsu hatte sicherzustellen, daß Tengs Begreifen wirklich echt war. Wo diese Echtheit auf dem Spiel steht, bringen die Meister bedenkenlos jedes Opfer. Nan-ch'üan schnitt die Katze entzwei; Yang-shan zerbrach den Spiegel; eine Frau ließ ein ganzes Haus in Flammen aufgehen, und eine andere warf sogar ihr Kind in den Fluß. Dieses letzte Beispiel dürfte allerdings das einzige von so extremer Art sein, das in der gesamten Zen-Literatur verzeichnet ist. Vorfälle wie die übrigen Beispiele sind im Zen jedoch gang und gäbe.

DAS ERLERNEN DER EINBRECHERKUNST

Diese Darstellung der Methoden, mit denen die Meister die Wahrheit des Zen demonstrieren oder ihren Schülern zur Verwirklichung dieser Wahrheit verhelfen, versteht sich nicht als erschöpfend, aber sie gibt uns zumindest einen ersten Eindruck von der unverwechselbaren Eigenart des Zen. Die schönsten Erläuterungen zur Philosophie des Zen nützen uns wenig; vor allem anderen müssen wir die Dinge auf eine ganz neue Weise betrachten lernen, die völlig außerhalb unseres gewohnten Bewußtseinsrahmens liegt. Diese neue Warte erschließt sich uns, wenn wir die äußerste Grenze unseres Verstehens erreicht haben, eine Grenze, von der wir glauben, daß wir sie nicht überschreiten können. Die meisten Menschen machen hier halt und akzeptieren bereitwillig, daß es nicht weitergeht. Aber es gibt einige wenige, deren innere Schau diesen Schleier von Gegensätzen und Widersprüchen zu durchdringen vermag. Und das geschieht urplötzlich. Sie schlagen in äußerster Verzweiflung gegen diese Wand, bis sie unverhofft nachgibt und sich ihnen eine völlig neue Welt eröffnet. Alle Dinge ordnen sich neu. Die objektive Welt scheint dieselbe zu sein, doch wir selbst sind neu geboren.

Wu Tao-tzu war einer der größten Maler Chinas; er lebte zur Zeit der T'ang-Dynastie. Sein letztes Bild, so berichtet die Legende, war eine Landschaft, die Kaiser Hsüan-tsung für seinen Palast in Auftrag gegeben hatte. Der Künstler verbarg das fertige Werk hinter einem Vorhang, den er erst fortzog, als der Kaiser eingetroffen war. Voller Bewunderung betrachtete der Kaiser die herrliche Szenerie: Wälder und hohe Berge und Wolken am unendlich weiten Himmel und Menschen auf den Hügeln und Vögel in der Luft.

«Schaut», sagte der Künstler, «in der Höhle dort am Fuße jenes Berges wohnt ein Geist.» Er klatschte in die Hände, und das Tor am Höhleneingang sprang auf. «Das Innere ist unbeschreiblich schön», fuhr er fort. «Erlaubt mir, den Weg zu zeigen.»

Mit diesen Worten trat er in die Höhle, das Tor schloß sich hinter ihm, und bevor der Kaiser in seiner Verwunderung etwas sagen oder sich regen konnte, verblaßte alles vor seinen Augen und nicht ein Pinselstrich des Künstlers blieb zurück. Wu Tao-tzu ward nie mehr gesehen.

Alles verschwindet, doch aus diesem Nichts ersteht eine

neue spirituelle Welt, die Welt der Meister, in der sie Wunderliches tun und Absurdes behaupten und doch in vollkommener Übereinstimmung sind mit der Natur der Dinge, eine Welt, die aller Konventionen, alles Unechten und aller intellektuellen Verirrungen entledigt wurde. Wer nicht in diese Welt gelangt, für den bleibt Zen für immer ein Buch mit sieben Siegeln. Dies meine ich, wenn ich von einer neuen Warte spreche, für die Logik und diskursives Denken keine Rolle spielen.

Emerson gab dieser Anschauung auf seine ganz eigene Art Ausdruck:

> Von größerem Einfluß als all diese Dinge (mathematische Kombinationsgabe, Abstraktionsfähigkeit, die Gestaltungen der Imagination, ja selbst geistige Beweglichkeit und Konzentrationskraft) sind die Purzelbäume, der Zauber, die Neubelebung, die mit der Imagination einhergehen. Wenn sie erwacht, scheinen sich die Kräfte des Menschen zu verzehnfachen, zu vertausendfachen. Sie schenkt uns ein köstliches Gefühl von Nicht-Festgelegtheit und entfacht in uns einen geistigen Wagemut. Wir werden dehnbar wie das Gas des Schießpulvers, und ein Satz in einem Buch, ein Wort, das im Gespräch fällt, entfesselt unsere Phantasie, und unser Kopf taucht ein zwischen die Milchstraßen, und unsere Füße durchmessen den Grund der Hölle. All das ist real, denn wir sind angelegt auf dieses Sich-Weiten und werden, ist die Grenze erst überschritten, nie wieder ganz die jämmerlichen Pedanten sein, die wir waren.

Das folgende Beispiel mag den Unterschied zwischen einem jämmerlichen Pedanten und einem, der die Grenze überschritten hat, verdeutlichen:

Der Mönch Hsüan-tse (Gensoku) war Klosteraufseher unter Meister Fa-yen (Hōgen), aber er hatte sich noch nie mit einer Frage über Zen an den Meister gewandt. Eines Tages fragte ihn Fa-yen, weshalb er nie zu ihm komme.

Hsüan-tse sagte: «Als ich bei Meister Ch'ing-feng (Seiho) war, gewann ich einen Einblick in die Wahrheit des Zen.»

Fa-yen sagte: «Erzähle mir doch davon.»

Der Klosteraufseher berichtete: «Als ich meinen Meister fragte, was der Buddha sei, sagte er: ‹Ping-ting T'ung-tzu verlangt nach Feuer.›»

«Eine gute Antwort», sagte Fa-yen, «aber vielleicht hast du sie mißverstanden. Laß mich hören, wie du sie auffaßt.»

Hsüan-tse erklärte: «Ping-ting ist der Feuergott; wenn er selbst kommt und nach Feuer verlangt, handelt er wie ich, der ich doch Buddha bin von Anbeginn und dennoch nach dem Buddha frage.»

«Dachte ich es doch!» rief der Meister. «Du hast es gänzlich mißverstanden.»

Der Aufseher erhob sich schwer gekränkt und verließ das Kloster.

Fa-yen sagte: «Wenn er wiederkommt, kann er gerettet werden; kommt er nicht, so ist es aus mit ihm.»

Hsüan-tse, nachdem er eine Strecke gegangen war, wurde nachdenklich und sagte sich: Ein Meister von fünfhundert Mönchen wird mich nicht ohne Grund tadeln. Und er ging zurück und trat vor Fa-yen hin.

Der Meister sagte: «Frage nur, ich werde dir antworten.»

Hsüan-tse fragte: «Was ist der Buddha?»

Der Meister erwiderte: «Ping-ting T'ung-tzu verlangt nach Feuer.»

Diese Worte öffneten dem Klosteraufseher augenblicklich die Augen. Er war jetzt kein jämmerlicher Pedant mehr, sondern ein lebendiger, schöpferischer Mensch. Zen will nicht erklärt, sondern erfahren werden.

Hören wir eine weitere Geschichte, die den Unterschied zwischen Zen-Begreifen und unserem gewohnten intellektuellen Verstehen aufgrund von Worten und Ideen aufzeigt. Auch hier wird etwas wiederholt, und dem Satz selbst, in seiner wörtlichen Bedeutung, ist keineswegs anzusehen, welche Wirkung er auf den Zuhörer ausüben wird. Aber wie ich schon mehrfach hervorhob, können wir als Außenstehende nicht beurteilen, wann ein Mensch soweit ist, daß es nur noch eines auslösenden Moments bedarf, um seine gewohnte Welt zum Einsturz zu bringen. Die Meister aber wissen anscheinend, wann es soweit ist, und sind dann in der Lage, den richtigen Impuls zu geben.

Ts'ui-yen K'e-chen (Suigan Kashin) war ein Schüler von Shih-shuang Ch'u-yüan (Sekisō Soen), auch Ch'i-ming (Jimyō) genannt, einem der großen Meister der Sung-Zeit. K'e-chen war sehr stolz darauf, ein Schüler des Meisters zu sein, und er hielt sich selbst schon für einen Meister, obgleich er es noch nicht war.

Einmal war er mit einem anderen Schüler unterwegs, und sie sprachen über Zen. Sein Freund hob eine Ziegelscherbe vom Boden auf, legte sie auf einen flachen Stein und sagte: «Wenn du in diesem kritischen Augenblick ein Wort sagen kannst, will ich einräumen, daß du wahrhaft Ch'i-mings Schüler bist.»

K'e-chen zögerte, schaute hierhin und dahin auf der Suche nach einer Antwort.

Sein Freund sagte: «In solchem Zögern und Schwanken hast du die Illusion noch nicht durchschaut; du hast nicht einmal eine blasse Ahnung, was die wahre Zen-Einsicht ist.»

K'e-chen war tief beschämt. Er suchte sofort den Meister auf, der ihn streng zurechtwies, weil er gegen die Regel vor Ablauf der Sommerzeit gekommen war. Tränenüberströmt berichtete K'e-chen, wie er von seinem Mönchsbruder in die Zange genommen worden war und daß er deswegen gegen die Klosterregel verstoßen habe.

Unvermittelt fragte ihn der Meister: «Was ist die Essenz des Buddhismus?»

K'e-chen erwiderte: «Keine Wolken sammeln sich über den Berggipfeln, still spiegelt sich der Mond in den Wellen.»

Ungehalten schalt ihn der Meister: «Schäme dich! Ein erfahrener Mann wie du, und dann solche Ansichten! Wie willst du je von Geburt und Tod befreit werden?»

K'e-chen beschwor den Meister, ihn zu unterweisen. Der Meister sagte: «Frage du mich.»

Daraufhin wiederholte er die Frage des Meisters: «Was ist die Essenz des Buddhismus?»

Der Meister erwiderte augenblicklich: «Keine Wolken sammeln sich über den Berggipfeln, still spiegelt sich der Mond in den Wellen.»

Das öffnete K'e-chen die Augen, und er war fortan ein ganz anderer.

Zum Abschluß möchte ich Wu-tsu Fa-yen (Goso Hōen) zitieren, von dem schon mehrfach die Rede war. Einmal sagte er bei der Unterweisung:

> Wenn ich gebeten werde zu sagen, was Zen sei, so sage ich, es sei wie das Erlernen der Einbrecherkunst.
>
> Der Sohn eines Einbrechers sah seinen Vater altern und dachte: «Wenn er seinen Beruf nicht mehr ausüben kann, wer, wenn nicht ich, wird dann diese Familie versorgen? Ich muß dieses Handwerk erlernen.»
>
> Er teilte seinem Vater diesen Gedanken mit, und der stimmte zu. Eines Nachts nahm er seinen Sohn mit zu einem großen Haus. Sie durchbrachen den Zaun und gelangten ins Haus, wo der Vater eine große Truhe öffnete und den Sohn aufforderte, hineinzusteigen und die Kleider herauszureichen. Als der Sohn jedoch in der Truhe war, schloß der Vater den Deckel und schob den Riegel vor. Der Vater schlich zurück in den Hof und pochte laut an die Tür, so daß die ganze Familie wach wurde, während er selbst sich durch das Loch im Zaun leise davonstahl.
>
> Die Hausbewohner sprangen aufgeregt aus den Betten und zündeten Lichter an, fanden aber im ganzen Haus niemanden. Der Sohn, eingeschlossen in der Truhe, dachte tief erschüttert über die Grausamkeit seines Vaters nach, als ihm ein glänzender Einfall kam. Er machte ein Geräusch, das wie das Nagen einer Ratte klang. Die Leute trugen dem Hausmädchen auf, eine Kerze zu nehmen und die Truhe zu

durchsuchen. Als der Riegel zurückgeschoben wurde, sprang sogleich der Einbrecher aus der Truhe, blies das Licht aus, stieß das Mädchen beiseite und entfloh. Die Leute liefen ihm nach. An der Straße sah er einen Brunnen, nahm einen großen Stein und warf ihn hinein. Die Verfolger drängten sich um den Brunnen, um zu sehen, wie der Einbrecher in dem finsteren Loch ertrank. Der aber hatte inzwischen unbehelligt das Haus seines Vaters erreicht. Erzürnt warf er ihm vor, er sei nur mit knapper Not entkommen.

Der Vater sagte: «Nimm es mir nicht übel, Sohn. Erzähle mir, wie du entkamst.»

Als der Sohn ihm das ganze Abenteuer erzählt hatte, sagte der Vater: «Na bitte, du hast das Handwerk erlernt.»

Die Zen-Halle und die Ideale der mönchischen Disziplin

KLOSTERLEBEN UND ZEN-ALLTAG

Um ein Bild von der praktischen Seite des Zen zu bekommen, müssen wir uns nun mit jener Institution vertraut machen, die «Zen-Halle» oder «Übungs-Halle» genannt wird. Hier finden wir ein Schulungssystem, das eigentlich mit keinem anderen vergleichbar ist. Dieses System geht auf Pai-chang Huai-hai (Hyakujō Ekai, 720–814), einen der großen chinesischen Zen-Meister der T'ang-Zeit, zurück. Pai-chang begründete die seitdem für das Zen eigentümliche monastische Tradition, indem er genaue Regeln für das Leben und den Tagesablauf in einem Zen-Kloster aufstellte. Waren die Zen-Meister und ihre Schüler bis dahin meist «zu Gast» in Klöstern anderer buddhistischer Schulen, deren Regeln für das Zusammenleben in einer Mönchsgemeinschaft die Zen-Mönche übernahmen, so entwickelten sich auf der Grundlage der Regeln von Pai-chang eigenständige Zen-Klöster, in denen der Tagesablauf ganz auf die Erfordernisse der Schulung auf dem Zen-Weg ausgerichtet war.

Das ursprüngliche Werk, in dem Pai-chang diese Regeln niederlegte, ist verlorengegangen. Was wir jetzt besitzen, ist eine spätere Kompilation, ausgehend vom tatsächlichen Leben in den damaligen Klöstern, und obgleich aufgrund veränderter Umstände sicher einiges modifiziert wurde, gilt dieses Werk als eine getreue Fortsetzung im Geiste des Meisters Pai-chang.

In Japan hat man diese Regeln nicht in allen Einzelheiten übernommen, aber der Geist blieb auch hier erhalten, und was mit japanischer Lebensart und den besonderen Verhältnissen in diesem Land vereinbar war, fand auch hier Anwendung. Die Ideale des Zen-Lebens jedenfalls verlor man nicht aus den Augen. Und bevor ich mein Thema weiter entwickle, möchte ich kurz über eines dieser Ideale sprechen, denn es ist einer der wichtigsten und bemerkenswertesten Züge des monastischen Zen-Lebens.

Dieses Ideal unterscheidet Zen von allen anderen buddhistischen Schulen, die in China entstanden; es ist nicht nur *das* Kennzeichen des Zen-Lebens, sondern eigentlich das Prinzip, das diese Tradition über so lange Zeit lebendig erhielt. Ich meine das Ideal der Arbeit. Pai-chang selbst hinterließ ein berühmt gewordenes Wort, das der Grundsatz seines Lebens war und auch den Geist der Zen-Halle prägte: Als die Mönche seines Klosters eines Tages seine Gartengeräte versteckten, um den betagten Meister daran zu hindern, die Anstrengung der Arbeit auf sich zu nehmen, aß er nichts an jenem Tag. Gefragt, weshalb er nicht esse, sagte er: «Ein Tag ohne Arbeit, ein Tag ohne Essen.» Die Gartengeräte kamen zurück, und Pai-chang arbeitete und aß wieder.

In allen Zen-Klöstern gilt Arbeit seither als eines der wichtigsten Elemente des Mönchslebens. Gemeint ist vor allem praktische Handarbeit wie Putzen, Kochen, das Sammeln von Feuerholz, Landbearbeitung und der Gang mit der «Bettelschale». Für keinen der Mönche ist irgendeine Arbeit unter seiner Würde, und sie geben sich nie dem Müßiggang hin.

In dieser Heiligung der Arbeit erkennen wir noch deutlich die praktische Ausrichtung des chinesischen Bewußtseins. In Indien etwa ziehen die Mönche sich aus allen weltlichen Belangen zurück, um zu meditieren, und da sie im allgemeinen Anhänger haben, von denen sie ökonomisch unterstützt werden, denken sie gar nicht daran, sich mit niederer Arbeit abzugeben, wie es die chinesischen und japanischen Zen-Mönche tun. Daß dem Zen das Schicksal vieler anderer buddhistischer Schulen erspart blieb, nämlich zu bloßem Quietismus oder intellektueller Gymnastik zu verkommen, ist sicher dieser Einstellung zur Arbeit zu verdanken.

Von dieser historischen Bedeutung der Arbeit einmal abgesehen, zeugt es von tiefer Kenntnis des Menschenherzens, daß Pai-chang die Arbeit zum Grundprinzip des Klosterlebens machte. Sein «Ein Tag ohne Arbeit, ein Tag ohne Essen»* ist nicht in erster Linie unter ökonomischen oder ethischen Gesichtspunkten zu betrachten, etwa derart, daß nur der sein Brot verdient, der es im Schweiße seines Angesichts ißt. Gewiß ist es gut, nicht das Brot des Müßiggangs zu essen, und im Buddhismus galt es von Anfang an als nichtswürdig, von den Zuwendungen anderer zu leben, doch Pai-chang hatte noch etwas anderes im Sinn: Er wollte die Mönche vor innerer Trägheit und einer unausgewogenen geistigen Entwicklung bewahren, wie sie häufig die Folge eines gänzlich auf Zurückgezogenheit und Meditation ausgerichteten Lebens sind. Wenn die Muskeln keinen Anteil haben an der Verwirklichung spiritueller Wahrheiten, wenn Geist und Körper sich nicht im praktischen Leben bewähren müssen, so hat dies meist schädliche Auswirkungen. Da es im Zen darum geht, den eingebildeten Dualismus von Fleisch und Geist zu transzendieren, arbeitet man darauf hin, daß beide harmonisch zusammenwirken.

Daß der Geist willig sei, das Fleisch aber schwach, wird hier also nicht hingenommen. Wir wollen auf den spirituellen Gehalt dieser Aussage nicht weiter eingehen, aber wenn wir sie psychologisch betrachten, liegt hier wohl ein Mangel an Kommunikation und Zusammenarbeit von Geist und Fleisch vor. Wenn die Hände nicht daran gewöhnt werden, die Arbeit des Gehirns in praktische Tätigkeit umzusetzen, zirkuliert das Blut nicht mehr reibungslos, sondern stockt irgend-

* Vgl. 2. Thessalonicher, 3,10: «So jemand nicht will arbeiten, der soll auch nicht essen.» Franz von Assisi machte dies zur ersten Regel seiner Bruderschaft.

wo, vorzugsweise im Gehirn. Dadurch ist der Körper nicht nur ganz allgemein in schlechter Verfassung, sondern es stellt sich auch eine Art Benommenheit oder geistige Stumpfheit ein, in der nichts mehr klare Konturen annehmen will. Man ist zwar wach, aber unentwegt von irgendwelchen Tagträumen erfüllt, die mit der gegenwärtigen Wirklichkeit des Lebens nichts zu tun haben. Solche Phantasien sind das Gegenteil von Zen, und wer sie einfach für eine Form von Meditation hält, wird sich ständig mit diesem heimtückischen Feind herumschlagen müssen. Mit seinem Beharren auf der Notwendigkeit der Arbeit hat Meister Pai-chang diesen Gefahren vorgebeugt.

Wir können Pai-changs Weisheit noch unter einem anderen Gesichtspunkt betrachten, denn wie gut und vernünftig eine Idee ist, erweist sich erst durch ihre praktische Anwendung. Erst wenn Ideen im täglichen Leben wirksam werden und dort echte Harmonie und wirklichen Nutzen schaffen für einen selbst und andere, haben sie ihren Wert erwiesen. Vor allem im Zen gilt, daß abstrakte Ideen, die einen im praktischen Leben nicht überzeugen, keinerlei Wert besitzen. Überzeugung gewinnt man aufgrund von Erfahrung und nicht durch Abstraktion. Das «Bezeugen» einer Idee oder Wahrheit durch tatsächliche Erfahrung ist etwas ganz anderes als ein bloßes intellektuelles Urteil. Jeder wahrhafte Zen-Schüler wird sagen, daß er mit müßigen Ideenflügen nichts zu schaffen haben will. Natürlich üben die Mönche in einem Zen-Kloster regelmäßig Zazen*, denn hier werden die Grundla-

* Chin. *Tso-ch'an*; dies ist einer jener zusammengesetzten buddhistischen Ausdrücke, die aus chinesischen und Sanskrit-Anteilen bestehen. Das chinesische *tso* bedeutet «sitzen», während *ch'an* für Dhyāna steht, «meditative Versunkenheit». Die vollständige Transliteration von Dhyāna lautet eigentlich Ch'an-na, doch spricht man der Kürze halber nur die erste Silbe. Tso-ch'an bedeutet also «Sitzen in Versunkenheit», und dieser Ausdruck leitet sich von dem Umstand her, daß Dhyāna schon immer in der Sitzhaltung mit verschränkten Beinen geübt wird. Nach den Aussagen japanischer Ärzte hat der Körper in dieser Haltung einen tiefliegenden stabilen Schwerpunkt, und der Kopf wird frei von allen

gen dessen gelegt, was sich dann als «Zen im Alltag» zu bewähren hat.* Ohne diese Umsetzung, davon bin ich überzeugt, wären alle Schätze, die die Meister in China und Japan zusammentrugen, längst verkommen und vergeudet.

Daß Arbeit eines der hohen Ideale des Zen wurde, hat gewiß auch damit zu tun, daß das Zen seine eigentliche Form in einer Kultur annahm, die sich besonders durch Fleiß und praktischen Sinn auszeichnete. Wenn es etwas gibt, das die Zen-Meister in aller Entschiedenheit als den praktischen Ausdruck ihres Glaubens erachten, dann ist es das Dienen, das Arbeiten für andere, das aber nicht demonstrativ zu geschehen hat, sondern ganz unauffällig. Wenn Meister Eckhart sagt, daß man in Liebe ausgießen muß, was man durch meditative Betrachtung in sich aufnimmt, so würde man im Zen das Wort «Liebe» wohl durch «Arbeit» ersetzen, die aktive konkrete Ausprägung der Liebe. Für Tauler waren Spinnen, Schuhmacherei und andere häusliche Arbeiten Gaben des Heiligen Geistes; George Herbert schrieb: «Wer ein Zimmer nach deinen Gesetzen auskehrt, der macht es und dieses Tun schön.» In solchen Äußerungen liegt wirklicher Zen-Geist.

Mystiker sind praktische Menschen, keineswegs bloß Seher, deren Seele zu sehr von höheren Dingen in Anspruch genommen ist, als daß sie sich noch um die Belange des täglichen Lebens kümmern könnten. Die Auffassung, Mystiker seien Träumer und Sterngucker, entbehrt jeder Grundlage und sollte endlich aufgegeben werden. Mystische Ausrichtung und praktischer Sinn sind durchaus miteinander verein-

Blutstauungen – die beste Voraussetzung für den Eintritt in wirkliche Versunkenheit.

* Die Tatsache, daß Zazen das Fundament jeglicher Zen-Praxis ist, ist innerhalb der Zen-Tradition so selbstverständlich, daß die alten Texte (und auch D. T. Suzuki) dies oft gar nicht ausdrücklich erwähnen. Im Westen werden in Unkenntnis dieser Tatsache scheinbar abfällige Äußerungen der großen Zen-Meister über das «Stillsitzen» (siehe z. B. die Äußerung Hui-nengs auf S. 65) jedoch oft mißverstanden. Man sieht nicht, daß hier eine falsche Einstellung zum Zazen und nicht das Sitzen in Versunkenheit selbst kritisiert wird. (Anm. d. Übers.)

bar, und die Beziehung ist nicht bloß begrifflicher oder metaphysischer Art: Wahre Mystik muß praktisch sein, muß sich in jedem Handeln bewahrheiten. P'ang Yün, der «Laie P'ang», singt in einem Gedicht:

> Das wunderbare Wirken von übernatürlichen Kräften
> find ich im Wasserholen und im Holzhacken.

Die Übungshalle, Zendō auf japanisch und Ch'an-t'ang auf chinesisch, wird in Japan als rechteckiges Gebäude angelegt, dessen Größe je nach der Zahl der unterzubringenden Mönche variiert. Das Zendō im Kloster Engaku-ji in Kamakura, dessen historische Gebäude leider dem Erdbeben von 1923 zum Opfer fielen, war etwa zwanzig Meter lang und elf Meter breit. Die Sitzplattformen, einen Meter hoch und gut zwei Meter vierzig tief, ziehen sich an den Längsseiten des Raumes entlang, und der Bodenraum zwischen ihnen bleibt leer. Hier wird in der Zeit zwischen den einzelnen Zazen-Perioden Kinhin (*ching hsing*) geübt, Zen im Gehen.

Jedem Mönch steht nicht mehr Raum zur Verfügung, als seine Tatami-Matte einnimmt, also etwa einhundertachzig mal neunzig Zentimeter, und hier sitzt und schläft er. Sommers wie winters besteht sein ganzes Bettzeug aus nicht mehr als einer großen mit Kapok gefüllten Decke; ein Kopfpolster für die Schlafenszeit kann er sich aus seinen persönlichen Habseligkeiten bereiten, die allerdings nicht mehr umfassen – oder zumindest früher umfaßten – als das Allernotwendigste: Kesa, das zum Brustlatz stilisierte Flickengewand, Koromo, das eigentliche Mönchsgewand, einige Bücher, ein Rasiermesser und ein Satz Schalen; all das findet Platz in einer kleinen Holzkiste, die etwa dreiunddreißig Zentimeter lang, fünfundzwanzig Zentimeter tief und neun Zentimeter hoch ist. Ist der Mönch auf Wanderschaft, so wird dieser Kasten in einem um den Hals gelegten Tuch vor dem Bauch getragen.

So hat der Mönch seine gesamte Habe jederzeit bei sich. «Ein Gewand und eine Schale, unter dem Baum auf einem Stein» – das war der bildliche Ausdruck, den man in Indien für dieses Leben gebrauchte. Der moderne Mönch lebt im Vergleich dazu in einer geradezu üppigen Fülle an persönlichem Besitz, doch reduziert auch er seine Bedürfnisse soweit wie möglich. Wer sich das Leben eines Zen-Mönchs zum Vorbild nimmt, wird gewiß ein sehr, sehr einfaches Leben führen.

Besitzgier ist im Buddhismus eines der schlimmsten Übel, von denen ein Mensch befallen sein kann. Tatsächlich ist ja das Habenwollen einer der Hauptgründe für das Elend in der Welt, und wieviel bittere Feindschaft herrscht zwischen den Mächtigen und Besitzenden und den Habenichtsen. Kriege und soziale Unruhen werden nie aufhören, solange das egoistische Besitzstreben sich so zügellos austobt. Ob sich wohl je eine Gesellschaft auf einer anderen Basis errichten läßt als der, welche wir seit dem Beginn der Geschichte kennen? Wird das Anhäufen von Reichtum und Macht aus persönlicher Gier oder nationalem Größenwahn je ein Ende haben? An der Unbelehrbarkeit des Menschen verzweifelnd, haben die buddhistischen Mönche das andere Extrem gesucht und sich sogar von den ganz unschuldigen Freuden des Lebens losgesagt. Der kleine Kasten, in welchem der gesamte persönliche Besitz Platz findet, ist auch eine Art stummer (wenn auch nicht sehr wirkungsvoller) Protest gegen die bestehende Gesellschaftsordnung.

In diesem Zusammenhang mag es lehrreich sein, eine Unterweisung des japanischen Zen-Meisters Myōchō Shūhō (bekannter als Daitō Kokushi, «Landesmeister Daitō», 1282–1338) zu lesen. Er war der Gründer des Klosters Daitoku-ji in Kyōto und soll einen großen Teil seines Lebens in Gesellschaft von Bettlern unter der Gojō-Brücke von Kyōto verbracht haben. Ein Leben in Glanz und Ehren, wie es so viele buddhistische Priester führten, lockte ihn nicht, und deren oberflächliche Frömmigkeit war ihm ein Greuel. Einfach mußte das Leben für ihn sein und hochgestimmt der Geist. Hören wir seine Worte:

> Ihr Mönche, die ihr in diesem Bergkloster lebt, denkt daran, daß ihr um der Religion willen hier versammelt seid, nicht aber der Kleidung und Nahrung wegen. Solange ihr Schultern habt, werdet ihr Kleidung haben, und solange ihr einen Mund habt, werdet ihr zu essen bekommen. Habt stets acht, daß ihr euch während der zwölf Stunden des Tages dem Studium des Unausdenklichen widmet. Die Zeit schnellt wie ein Pfeil vorbei; laßt nicht zu, daß euer Geist von weltlichen Belangen abgelenkt wird. Seid jederzeit auf der Hut. Nach meinem Fortgehen mögen einige von euch schöne und wohlhabende Tempel führen mit Türmen und Hallen und heiligen Büchern in Gold und Silber, und die Gläubigen mögen lärmend hereindrängen; manche mögen Sūtras lesen und Dharanīs rezitieren und für lange Perioden in Versunkenheit sitzen, ohne sich dem Schlaf zu überlassen; sie mögen nur einmal am Tag essen und die Fastenzeiten einhalten und während der sechs Tageszeiten alle religiösen Handlungen ausführen.
>
> Ist ihr Geist jedoch nicht auf den geheimnisvollen und nicht zu übermittelnden Weg der Buddhas und Patriarchen ausgerichtet, so schützt auch dieser Eifer sie nicht davor, das Gesetz der Verursachung zu verkennen und die wahre Religion in den Niedergang zu treiben. Solche gehören alle zur Familie der bösen Geister; und wie lange mein Scheiden aus dieser Welt auch zurückliegen mag, sie sollen nicht meine Nachfolger genannt werden. Doch laßt da nur einen sein, der vielleicht in der Wildnis lebt, in einer Hütte, die mit einem Bündel Stroh gedeckt ist, und der sich wilde Wurzeln kocht in einem Topf mit abgebrochenen Beinen: Wenn der nur zielstrebig seine eigenen Dinge ergründet, so ist er einer, der mir täglich von Angesicht zu Angesicht

begegnet und der für sein Leben dankbar ist. Wer möchte je solch einen verachten? Ihr Mönche, seid eifrig, seid gründlich!*

In Indien essen buddhistische Mönche am Nachmittag nichts mehr. Eigentlich essen sie sogar nur einmal am Tag, denn ihr Frühstück ist nicht mit dem zu vergleichen, was man etwa in Europa darunter versteht. Auch Zen-Mönche sollten eigentlich ohne Abendessen auskommen, doch konnte man nicht umhin, die klimatischen Verhältnisse in China und Japan zu berücksichtigen, und so gibt es am Nachmittag doch noch eine Kleinigkeit, die man zur Gewissensberuhigung «Medizin-Nahrung» nennt. Das Frühstück, das vor Tagesanbruch eingenommen wird, besteht aus Reisschleim und eingelegtem Gemüse. Die Hauptmahlzeit um zehn Uhr vormittags besteht aus Reis (oder Reis mit Gerste gemischt), Gemüsesuppe und eingelegtem Gemüse. Nachmittags um vier gibt es ein Essen aus den Resten der Hauptmahlzeit. Mit seltenen Ausnahmen, etwa durch die Einladung eines Gönners, bleiben diese Mahlzeiten jahrein, jahraus die gleichen. Auch hier ist Armut und Einfachheit das Motto.

Das heißt aber nicht, daß Askese das Ideal des Zen wäre. Weder Askese noch irgendein anderes ethisches Ideal hat letztlich etwas mit der eigentlichen Wahrheit des Zen zu tun. Es geht vielmehr um das praktische Ideal, nichts zu verschwenden, sondern aus allem, was uns gegeben wird, das Beste zu machen. Die Dinge unserer Umgebung, unser Körper nicht ausgenommen, ja selbst Intellekt, Imagination und alle anderen geistigen Fähigkeiten sind uns gegeben, damit wir unsere höchsten spirituellen Kräfte entwickeln können; wenn wir unsere Launen und Begierden darin ausleben, können wir nur mit den Interessen und Rechten anderer in Konflikt geraten.

* In Klöstern, die in irgendeiner Weise mit Daitō Kokushi verbunden sind, wird dieser Text vor jedem Teishō, einer «Darlegung» des Meisters, rezitiert.

Auch in der Art und Weise, wie die Mahlzeiten in einem Kloster eingenommen werden, liegt etwas eigentümlich Zenhaftes, und so wollen wir hier eine kurze Beschreibung folgen lassen.

Zur Essenszeit wird ein Gong angeschlagen, und die Mönche gehen mit ihren Eßschalen von der Zen-Halle in den Speiseraum. Die niedrigen Tische sind noch gänzlich leer. Auf ein Glockenzeichen hin lassen sich die Mönche nieder und stellen ihre Schalen auf. Diese Schalen bestehen aus lackiertem Holz oder Papier, vier oder fünf in abnehmender Größe, so daß sie ineinandergestellt werden können. Während die auftragenden Mönche herumgehen und Suppe und Reis austeilen, wird das *Prajñāpāramitāhridaya-Sūtra* rezitiert, gefolgt von der Anrufung verschiedener Buddhas und Bodhisattvas und den «Fünf Meditationen» zum Essen, nämlich 1. Welchen Wert habe ich? Woher diese Gabe? 2. Indem ich diese Gabe annehme, bin ich meiner Mängel eingedenk. 3. Mein Herz zu hüten und mich von Fehlern wie Gier und anderen freizuhalten, das ist das Entscheidende. 4. Diese Nahrung nehme ich als Medizin, um den Körper bei guter Gesundheit zu halten. 5. Um der spirituellen Entwicklung willen nehme ich diese Nahrung an. Nach diesen «Meditationen» verweilen die Gedanken bei der Essenz des Buddhismus: «Der erste Bissen soll alles Böse abschneiden; der zweite Bissen ist dafür, daß alles Gute getan wird; der dritte Bissen ist dafür, daß alle Lebewesen gerettet werden und jedermann letztlich Buddhaschaft erlangt.»

Nun nehmen die Mönche die Eßstäbchen auf, doch bevor sie die Speisen zu sich nehmen, werden auch die «Hungrigen Geister» noch bedacht; jeder Mönch nimmt etwa sieben Reiskörner aus seiner Schale und bietet sie den unsichtbaren Wesen dar mit den Worten: «Ihr Dämonen und anderen Geistwesen, ich opfere euch dies; möge diese Speise die zehn Weltgegenden erfüllen, damit alle Dämonen und anderen Geistwesen davon gesättigt werden.»

Beim Essen herrscht vollkommene Stille. Das Hantieren mit den Schalen geschieht geräuschlos, und niemand spricht auch nur ein Wort. Wer eine zweite Portion Reis möchte, erhebt die zusammengelegten Hände zum Gasshō, der im Osten fast überall gebräuchlichen Geste des Bittens, des Dankes, der Verehrung und des Grüßens. Der auftragende Mönch bemerkt es, kommt mit der Reisschüssel und läßt sich vor dem Hungrigen nieder. Dieser nimmt seine Reisschale auf, streicht mit der Hand einmal um die Außenseite, um allen etwa anhaftenden Schmutz zu entfernen, der die Hände des auftragenden Mönchs verunreinigen könnte, und stellt sie ihm in die offene Hand. Während die Schale gefüllt wird, hält er die Hände im Gasshō. Wenn er genug hat, gibt er dem auftragenden Mönch leise ein Zeichen, indem er die Handflächen sanft gegeneinanderreibt.

Alle Eßschalen sind zum Ende der Mahlzeit restlos geleert. Die Holzklappern werden angeschlagen, und die auftragenden Mönche bringen heißes Wasser. Jeder Mönch läßt seine größte Schale damit füllen und spült die kleineren darin ab, um sie anschließend mit einem Tuch zu trocknen, das er eigens zu diesem Zweck mit sich führt. Nun wird ein Kübel herumgereicht, in den man das Spülwasser gießt. Dabei gedenkt man wiederum der Geist-Wesen: «Dieses Wasser, in dem meine Schalen abgespült wurden, schmeckt wie himmlischer Nektar. Ich opfere es den zahllosen Geistern der Welt, mögen sie alle gesättigt und zufriedengestellt werden. *Om ma-kura-sai svāhā.*» Nun stellt man die Eßschalen zusammen und schlägt sie in ihr Tuch ein, wobei man sich innerlich vergegenwärtigt: «Ich bin nun fertig mit Essen, und mein stofflicher Körper ist wohl genährt. Mir ist, als könnte meine Willenskraft die zehn Weltgegenden erschüttern und beherrschte Vergangenheit, Gegenwart und Zukunft. Mögen wir alle an wunderbaren Kräften gewinnen und sowohl Ursache als auch Wirkung dem Wohl aller Wesen hingeben.» Abgesehen von den Schalen mit den geopferten Reiskörnern, sind die Tische nun wieder so leer wie zu Beginn der Mahlzeit. Die Holzklappern werden betätigt, man verbeugt sich zum Dank, und die Mönche verlassen den Raum so gemessen, wie sie ihn betraten.

Sprichwörtlich ist der Fleiß der Mönche. An Tagen, die nicht ausschließlich dem Zazen gewidmet sind, sieht man sie bald nach dem Frühstück – im Sommer gegen halb sechs, im Winter eine Stunde später – auf dem Klostergelände; einige machen sich zum Bittgang auf, andere bearbeiten das zum Kloster gehörige Land; stets sorgen sie dafür, daß die Gebäude innen und außen in tadellosem Zustand sind. Auf den Bittgängen durchstreifen sie oft meilenweit die Gegend. Für gewöhnlich hat ein Kloster mehrere Gönner, von denen die Mönche regelmäßig Vorräte an Reis und Gemüse erhalten. Häufig sieht man sie Karren die Straße entlangziehen, die mit Kürbissen oder Kartoffeln beladen sind. Sie sammeln Reisig und Feuerholz und verstehen auch etwas von Landwirtschaft. Häufig errichten sie auch, unter Anleitung eines Architekten, die Klostergebäude mit eigenen Händen.

Diese Mönchsgemeinschaft verwaltet sich selbst. Es gibt Köche, Verwalter, Aufseher und andere Ämter; zur Zeit Paichangs sollen es zehn solche Ämter gewesen sein, doch kennen wir die Einzelheiten nicht, weil sein ursprüngliches Regelwerk verlorenging. Der Meister ist die Seele eines Klosters, doch kümmert er sich selbst nicht direkt um die Aufgaben der Verwaltung. Die bleiben den älteren Mitgliedern der Gemeinschaft überlassen, deren Charakter sich in langen Jahren der Disziplin genügend gefestigt hat. Wo es um die Prinzipien des Zen geht, mag man diese Mönche für tiefschürfende weltvergessene Metaphysiker halten, doch bei ihrer alltäglichen Arbeit sind sie fröhlich, immer zu Scherzen aufgelegt und hilfsbereit und widmen sich bereitwillig auch solchen Verrichtungen, die jeder andere gebildete Mensch als seiner unwürdig ablehnen würde.

Aber nicht nur die Mönche verrichten körperliche Arbeit, sondern auch der Meister beteiligt sich daran. Meister Paichang hat bestimmt, daß die Arbeit ohne Ansehen des Ranges aufgeteilt werde. So bebaut der Meister zusammen mit den Schülern das Land, pflanzt Bäume, jätet den Garten, pflückt Teeblätter, beteiligt sich an allen Arbeiten. Wo die Gelegenheit sich bietet, nutzt er diese Arbeit zu praktischer Zen-Unterweisung:

Als Chao-chou den Klosterhof kehrte, fragte ihn ein Mönch: «Wie kann ein Staubkorn auf diesen heiligen Grund gelangen?»

Chao-chou sagte: «Da kommt noch eins.»

Ein andermal kehrte er gerade wieder den Boden, als der Staatsminister Liu zu Besuch kam und den Meister fragte: «Wie geht es zu, daß ein großer weiser Mann wie Ihr den Staub aufkehren muß?»

Chao-chou erwiderte: «Er kommt von draußen.»

Als Nan-ch'üan im Freien mit seinen Mönchen arbeitete, rief Chao-chou, der das Feuer zu hüten hatte, plötzlich: «Feuer! Feuer!»

Aufgeregt liefen alle Mönche zurück in den Schlafraum. Chao-chou verschloß hinter ihnen die Tür und sagte: «Wenn ihr ein Wort sagen könnt, werden die Türen geöffnet.»

Die Mönche wußten nichts zu sagen. Nan-ch'üan jedoch warf den Schlüssel durch ein Fenster in den Raum. Daraufhin stieß Chao-chou das Tor auf.

Bei der Gartenarbeit stach ein Mönch versehentlich einen Regenwurm in zwei Teile. Er fragte Ch'ang-sha (Chōsha), seinen Meister: «Der Regenwurm ist zweigeteilt, und beide Teile winden sich noch. In welchem der beiden Teile ist das Buddha-Wesen?»

Der Meister sagte: «Laß dich nicht täuschen!»

Doch der Schüler ließ nicht ab davon: «Ich kann mir nicht helfen, es windet sich.»

«Siehst du denn nicht, daß Erd- und Luftelement sich noch nicht aufgelöst haben?»

Als Tzu-hu (Shiko) und Sheng-kuang (Shōkō) bei der Gartenarbeit waren, geschah etwas Ähnliches, und Sheng-kuang befragte den Meister über das wahre Leben des Regenwurms. Ohne ein Wort zu antworten, nahm Tzu-hu den Rechen, schlug zuerst das eine Ende des Wurms, dann das andere und dann die Stelle dazwischen. Dann warf er den Rechen hin und ging fort.

Einmal hackte Huang-po den Boden, und da er Lin-chi ohne Hacke sah, fragte er: «Wie kommt es, daß du keine Hacke hast?»

Lin-chi sagte: «Jemand hat sie fortgenommen.»

Huang-po forderte ihn auf näher zu treten, da er die Sache mit ihm besprechen wolle. Lin-chi trat näher. Huang-po hob seine Hacke und sagte: «Nur dies, doch alle Welt ist nicht in der Lage, es hochzuhalten.»

Lin-chi nahm ihm die Hacke fort und hob sie selbst hoch mit den Worten: «Wie kommt es dann, daß es nun in meiner Hand ist?»

Huang-po sagte: «Hier ist ein Mann, der heute ein gutes Stück Arbeit verrichtet», und zog sich in sein Zimmer zurück.
Ein andermal sah Huang-po seinen Schüler Lin-chi auf seine Hacke gestützt ausruhen und fragte ihn: «Bist du müde?»

Lin-chi sagte: «Ich habe meine Hacke noch nicht ein Mal erhoben, wie soll ich da müde sein?»

Huang-po schlug ihn, doch Lin-chi entriß ihm den Stab und stieß ihn zu Boden. Huang-po rief den Verwalter, damit er ihm aufhelfe. Der Verwalter half dem Meister auf und fragte: «Weshalb laßt Ihr diesen Verrückten in seiner Grobheit gewähren?»

Der Meister, nun wieder auf den Beinen, schlug den Verwalter.

Lin-chi begann zu hacken und sagte: «Andernorts verbrennt man die Toten, aber hier werdet ihr alle lebendig begraben.»

Die Zen-Geschichte ist voll von solchen Vorfällen; sie zeigen uns, wie die Meister jede Gelegenheit nutzen, ihre Schüler zu fördern. Alltägliche Vorkommnisse gewinnen so in den Händen der Meister tiefe Bedeutung. Alle diese Mondō geben beredtes Zeugnis von der ganzen Ausrichtung des früheren Klosterlebens, in dem der Geist der Arbeit und des Dienens sich so harmonisch mit der spirituellen Schulung verband.

FREIHEIT UND DEMUT

Die Mönche erhalten keine formale Ausbildung – das wäre eine Sache von Büchern und abstrakter Unterweisung. Ihre Schulung und ihr Wissen sind praktischer Art, denn der Grundsatz des Klosterlebens lautet: «Lernen durch Tun.» Vorverdaute geistige Nahrung ist hier ebensowenig gefragt wie Krankenschonkost. Eine Löwin, so heißt es, stößt ihre drei Tage alten Jungen einen Abhang hinunter, und wer von den Kleinen nicht allein wieder hinaufklettern kann, wird aufgegeben. So scheinbar herzlos werden auch die Mönche von ihrem Meister behandelt. Ihre Kleidung ist mehr als einfach, ihr Essen karg, die Zeit zum Schlafen allzu kurz, und zu alledem müssen sie auch noch ständig arbeiten, körperlich und geistig.

Diese äußeren Anforderungen und das innere Streben, wenn beides harmonisch zusammenwirkt, erzeugen schließlich einen durchgebildeten Charakter, und der Mensch ist im Zen ebenso zu Hause wie in den Realitäten des Lebens. Dieses einzigartige Schulungssystem, noch heute in jedem Zendō lebendig, ist unter Außenstehenden selbst in Japan kaum bekannt. Und da die Woge der Kommerzialisierung vor nichts haltmacht, wird vielleicht auch die einsame Insel des Zen bald wie alles andere unter ödem Materialismus begraben sein. Auch bei den Mönchen selbst zeigt sich, daß sie den Geist der Meister nicht mehr recht begreifen. Das aber ist entscheidend, wenn Zen auch künftigen Generationen in seiner alten Lebendigkeit erhalten bleiben soll.

Die Wahrheit des Zen transzendiert alle Philosophie, alles diskursive Verstehen, und ist nicht an die Regeln der Dialektik gebunden. Diese Freiheit kann zu sehr schlüpfrigem Boden werden, und es gibt viele, die hier ausgeglitten sind und der Selbstherrlichkeit und Zügellosigkeit verfielen. Daher diese Worte eines Zen-Meisters: «Laß dein Ideal so hoch sein wie die Krone Vairochanas, dein Leben aber so voller Demut, daß du dich zu Füßen eines Säuglings niederwirfst.» Deshalb ist das Klosterleben in allen Einzelheiten geregelt: Demut, Armut und innere Läuterung, das ist es, was Zen davor bewahrt, auf das Niveau der mittelalterlichen Antinomisten abzusinken, die keinerlei Regel für sich selbst gelten lassen wollten. Die Zendō-Disziplin ist von größter Bedeutung nicht nur für die Zen-Schulung im engeren Sinne, sondern auch für deren Anwendung auf das tägliche Leben.

Als Tan-hsia T'ien-jan (Tanka Tennen, 739–824) während seiner Wanderjahre einmal in einem Zen-Tempel übernachtete, war es so kalt, daß er schließlich eine hölzerne Buddha-Statue vom Altar nahm und damit ein Feuer machte, an dem er sich wärmte. Der Tempelpriester war außer sich und fragte ihn, wie er sich denn derart an einer heiligen Statue vergehen könne.

«Ich werde die Knochen des Buddha aus der Asche nehmen», sagte Tan-hsia.

Der Priester fragte: «Wie kannst du glauben, in dem Holz die Knochen des Buddha zu finden?»

Und Tan-hsia entgegnete: «Was tadelt Ihr mich dann, wenn ich das Holz verbrenne?»

Der Tempelpriester soll später seine Augenbrauen eingebüßt haben, weil er Tan-hsia wegen seines angeblichen Vergehens Vorwürfe machte; letzteren aber traf nie der Zorn des Buddha.

Alle Zen-Meister sind sich darin einig, daß Tan-hsias Buddha-Entweihung von hoher spiritueller Reife zeugt. Einmal fragte ein Mönch einen Meister, wie Tan-hsia es habe fertigbringen können, eine Buddha-Statue zu verbrennen.

Der Meister sagte: «Wenn es kalt ist, sitzen wir um die Feuerstelle.»

«War es also ein Vergehen oder nicht?» fragte der Mönch.

Die Antwort lautete: «Wenn es heiß ist, gehen wir zum Bambushain am Bach.»

Da die Frage wirklicher spiritueller Freiheit von größter Wichtigkeit ist und die Gefahr des Abgleitens in bloße Zügellosigkeit überall lauert, will ich noch eine weitere Anekdote anführen, die Licht auf diese Angelegenheit wirft.

Als Ts'ui-wei Wu-hsüeh (Suibi Mugaku), ein Schüler und Dharma-Nachfolger von Meister Tan-hsia, den Arhats Opfer darbrachte, trat ein Mönch hinzu und fragte: «Tan-hsia setzte einen hölzernen Buddha in Brand; wie kommt es, daß Ihr den Arhats opfert?»

Der Meister sagte: «Er mag wohl gebrannt haben, aber verbrennen konnte er nicht. Was aber mein Opfern angeht, so mische dich gefälligst nicht ein.»

«Wenn den Arhats diese Opfer dargebracht werden, kommen sie dann, um sie entgegenzunehmen?» fragte der Schüler.

«Ißt du jeden Tag?» entgegnete der Meister.

Der Mönch schwieg. Der Meister sagte: «Wirklich Kluge trifft man selten.»

Vom höchsten Standpunkt aus betrachtet, mag Tan-hsias Handeln vollkommen angemessen gewesen sein; zur Nachahmung kann man es indessen nicht empfehlen, denn wer nicht Tan-hsias spirituelle Reife besitzt, wird mit solchen Taten wirkliche Sakrilege oder gar Verbrechen begehen – und das im Namen des Zen! Aus diesem Grund sind die Klosterregeln so streng; zuerst muß der Hochmut des Herzens besiegt werden, damit wahre Demut entstehen kann.

Als Chu-hung (Shukō), ein bedeutender buddhistischer Mönch der Ming-Zeit, der für die strenge Einhaltung der Mönchsregeln eintrat, ein Buch über die zehn lobenswerten Taten eines Mönchs schrieb, kam einer dieser hochgemuten und selbstgefälligen Zeitgenossen zu ihm und sagte: «Welchen Sinn hat es, ein solches Buch zu schreiben, wenn es im Zen nicht das allerkleinste Ding gibt, das lobenswert oder nicht lobenswert zu nennen wäre?»

Chu-hung erwiderte: «Die Fünf Ansammlungen (*skandha*) begründen Verwicklungen, und die Vier Elemente (*mahābhūta*) sind außer Rand und Band; wie kannst du sagen, es gebe nichts Böses?»

Doch der Mönch fuhr fort: «Die Vier Elemente sind letztlich leer, und die Fünf Ansammlungen besitzen keinerlei Wirklichkeit.»

Chu-hung schlug ihn ins Gesicht und sagte: «So viele sind gelehrt und sonst nichts. Du hast das Wahre noch nicht. Gib mir eine andere Antwort.»

Der Mönch sagte jedoch nichts mehr und wandte sich verärgert zum Gehen.

«Siehst du?» sagte Chu-hung lächelnd. «Du solltest zuerst den Schmutz von deinem eigenen Gesicht wischen.»

Die Kraft erleuchteter Einsicht muß im Zen Hand in Hand gehen mit tiefer Demut.

Was im Zen geschieht, damit der Schüler zu dieser Demut gelangt, möchte ich an einem Beispiel verdeutlichen. Wer um Aufnahme in ein Zen-Kloster ersucht, muß darauf gefaßt sein, daß seine Bitte nicht ohne weiteres erfüllt wird, mag er auch Empfehlungen vorweisen können und mit allem für das Mönchsleben Erforderlichen ausgerüstet sein. Man wird ihm im allgemeinen sagen, das Kloster sei zu arm, um noch einen weiteren Mönch zu versorgen, oder auch, die Zen-Halle sei bis auf den letzten Platz besetzt. Gibt der Bewerber sich damit zufrieden und zieht weiter, so wird er wohl nirgendwo Aufnahme finden, denn man wird ihn überall auf die gleiche Art abweisen. Hat er wirklich den Wunsch, ein Zen-Mönch zu werden, so darf er sich von dergleichen nicht abschrecken lassen.

Beharrt er auf seiner Bitte um Aufnahme, so wird er sich im Genkan (Vorraum am Klostereingang) niederlassen, den Kopf auf den Kasten gesenkt, den er vor dem Bauch trägt, und still warten. Geduldig sitzt er dort und regt sich nicht. Zur Essenszeit bittet er, am Mahl teilnehmen zu dürfen, und kein buddhistisches Kloster wird einem wandernden Mönch

Speise und Unterkunft verweigern. Nach dem Essen nimmt er wieder seinen Platz im Genkan ein, stumm um Aufnahme bittend. Niemand beachtet ihn, bis er am Abend um ein Nachtlager ersucht. Dies wird ihm gewährt, und so zieht er seine Wandersandalen aus, wäscht sich die Füße und wird in einen Raum geführt, der diesem Zweck vorbehalten ist. Hier wird er im allgemeinen keine Schlafgelegenheit vorfinden, denn von einem Zen-Mönch wird erwartet, daß er die Nacht in meditativer Versunkenheit verbringt. So sitzt er die Nacht hindurch, ganz in sein Kōan* versunken. Am Morgen geht er zurück in den Genkan und nimmt wieder die Haltung ein, mit der er die Dringlichkeit seiner Bitte um Aufnahme bekundet. Das kann drei, fünf oder auch sieben Tage so gehen. Geduld und Demut des Bewerbers werden auf eine harte Probe gestellt, bis man endlich von seiner Ausdauer und Ernsthaftigkeit überzeugt ist und sich seiner erbarmt.

Diese Aufnahmeprozedur ist mit der Zeit etwas formalistisch geworden, aber in der alten Zeit, als noch nichts zu bloßer Routine erstarrt war, hatten es die Neuankömmlinge wirklich schwer, mitunter wurden sie sogar gewaltsam aus dem Kloster vertrieben. In den Biographien mancher alten Meister lesen wir von schier unglaublichen Entbehrungen und Leiden, die sie auf sich nahmen, um von einem Lehrer angenommen zu werden.

Im Zendō selbst herrscht eine fast militärisch anmutende Strenge und Präzision, und auch hier geht es natürlich um die Übung von Demut, Einfachheit und Ernsthaftigkeit, denn allzu gern ahmen die Mönche blind die großen alten Meister nach oder versteigen sich in halbverdaute Philosophien.

* Von der Kōan-Übung wird ausführlich im nächsten Band dieser Essays die Rede sein.

SESSHIN – SAMMLUNG DES HERZ-GEISTES

Es gibt Zeiten im Klosterleben, die ausschließlich der Zazen-Schulung vorbehalten bleiben und in denen die übrige Arbeit auf ein Minimum reduziert wird. Diese Sesshin, wie solche Tage besonders intensiver Schulung genannt werden, dauern jeweils eine Woche und finden während der «Sommerzeit» (April bis August) und «Winterzeit» (Oktober bis Februar) einmal im Monat statt.* Während dieser Tage halten sich die Mönche meistenteils im Zendō auf, beginnen morgens früher als sonst mit dem Zazen und hören abends später auf. An jedem Sesshin-Tag hören die Mönche ein Teishō** des Meisters, das im allgemeinen ein Kōan oder eine andere wichtige Passage aus der Zen-Literatur zum Thema hat.

Ein Teishō ist ein feierlicher Anlaß. Es wird vom Klang einer Glocke eingeleitet, die verstummt, sobald der Meister die Dharma-Halle betritt. Während der Meister am Altar Räucherwerk darbringt, rezitieren die Mönche eine kurze Dhāranī, die *Daihiju* genannt wird – «Dhāranī des großen Erbarmens».*** Die Worte einer Dhāranī werden nicht über-

* Mir ist nicht bekannt, wann diese Sesshin eingeführt wurden. In Paichangs Regeln, so weit sie uns bekannt sind, finden wir nichts darüber. Erst in Japan, und vermutlich nach Hakuin, wurden die Sesshin zu einer festen Einrichtung in den Zen-Klöstern. In der Schulungszeit, während der die Sesshin stattfinden, gehen die Mönche nicht auf Wanderschaft, sondern widmen sich ganz der Zazen-Schulung, besonders intensiv natürlich während der Sesshin-Tage.

** Dieser Ausdruck wird häufig mit «Predigt» oder «Lehrvortrag» wiedergegeben, doch sind dies unzutreffende Übersetzungen. Das Wort leitet sich her von *tei*, «tragen, darbringen, vorbringen, vorlegen, verkünden», und *shō*, «rezitieren, verkünden». Eine treffendere Übersetzung ist «Darlegung», denn hier demonstriert der Meister auf unmittelbare Weise, das heißt ohne alle intellektuellen Erklärungen, sein Begreifen des zugrunde gelegten Textes.

*** Der Sanskrit-Begriff «Dhāranī» bedeutet «Trägerin»; eine Dhāranī besteht aus Formeln, gebildet aus Silben mit symbolischem Gehalt, die magisches Wissen «tragen». Sie können sowohl die Essenz einer Lehre als auch einen bestimmten Bewußtseinszustand repräsentieren,

setzt, man rezitiert in chinesischen oder japanischen Klöstern eine Transliteration des Sanskrit-Originals. Das ergibt zwar für die Rezitierenden keinen nachvollziehbaren Sinn, aber darauf kommt es hier auch nicht an, sondern auf den Bewußtseinszustand, der mit der Rezitation verbunden ist. Der monotone, getragene Tonfall und dazu die Schläge einer hölzernen Trommel, die Mokugyō («Holzfisch») genannt wird, stimmen die Zuhörer auf das bevorstehende Ereignis ein. Auf die dreimalige Rezitation der Dhāranī folgt für gewöhnlich die Rezitation einer Ermahnung, die der Gründer des Klosters hinterließ. Heutzutage wird vielfach auch Meister Hakuins «Preisgesang des Zazen» (*Hakuin Zenji Zazen-wasan*) rezitiert. Wir lassen hier zunächst die Übersetzung einer «Ermahnung» durch Musō Soseki* und dann Hakuins «Preisgesang» folgen.

Musō Kokushis Ermahnung

Ich habe drei Arten von Schülern: jene, die entschlossen alle Verwicklungen abschütteln und gänzlich auf das Ergründen ihrer eigenen Dinge ausgerichtet sind, bilden die erste Klasse. Die nicht so entschlossen und zielstrebig sind, sondern ihre Aufmerksamkeit hierhin und dorthin richten und das Buchwissen lieben, bilden die zweite Klasse. Die ihr eigenes spirituelles Licht verdunkeln, indem sie sich bloß mit den durchgesickerten Worten der Buddhas und Patriarchen beschäftigen, sind die niedrigste Klasse. Jene Geister aber, die von weltlicher Literatur berauscht sind und sich selbst als Literaten einen Namen zu machen suchen, sind nur Laien mit geschorenen Köpfen und gehören nicht einmal der niedrigsten Klasse an. Und jene schließ-

der durch die Wiederholung der Dhāranī jederzeit wieder zu erschaffen ist.

* Auch Shōkaku Kokushi, bekannt als Musō Kokushi, «Landesmeister Musō» (1275–1351); berühmter japanischer Meister der Rinzai-Schule, Gründer und Abt mehrerer Zen-Klöster.

lich, die nur an Essen, Schlafen und Müßiggang denken können – sind das wohl Menschen des schwarzen Gewandes? Sie sind fürwahr Kleiderständer und Reissäcke, wie ein alter Meister sie nannte. Sie sind keine Mönche, und es darf nicht geduldet werden, daß sie sich meine Schüler nennen oder auch nur das Kloster und die Untertempel betreten. Selbst der vorübergehende Aufenthalt ist ihnen verwehrt, von ihrer Annahme als Mönche für die Schulung ganz zu schweigen. Wenn ein alter Mann wie ich so spricht, denkt ihr vielleicht, es mangele ihm an allumarmender Liebe, doch das Wichtigste ist, sie ihre Mängel erkennen zu lassen, damit sie sich wandeln und zu gedeihenden Pflanzen in den Gärten der Patriarchen werden können.

Meister Hakuins Preisgesang des Zazen

Alle Geschöpfe sind im Grunde Buddha,
gleich wie Wasser und Eis:
Es gibt kein Eis getrennt vom Wasser,
gesondert von den Geschöpfen keinen Buddha.

Nicht wissend, wie nah ihnen die Wahrheit,
suchen die Geschöpfe sie in der Ferne – welch Jammer!
Sie gleichen denen, die im Wasser
nach Wasser schrei'n vor Durst.
Sie gleichen dem Sohn des Reichen,
der unter Armen seinen Weg verlor.

Die Geschöpfe durchwandern die sechs Welten,
da sie verloren sind im Dunkel der Unwissenheit.
Von Finsternis zu Finsternis wandernd,
wie können sie je frei werden von Geburt-und-Tod?

Zazen, wie das Mahāyāna es lehrt:
Kein Lob kann sein Verdienst erschöpfen.
Die sechs Pāramitā: Almosengeben,
das Halten der Gebote und andere gute Taten,
verschiedentlich aufgezählt,
Anrufen des Buddha-Namens, Reue und so fort,
sie alle kommen aus Zazen.

Verdienst von auch nur einmal geübtem Zazen
tilgt Schuld, zahllos gehäuft in der Vergangenheit.
Wo sind die Pfade des Übels, die uns verführen?
Das Reine Land ist nicht fern.

Wer voller Demut auch einmal nur
diese Wahrheit hört,
sie preist und im Vertrauen befolgt,
erlangt unendliche Glückseligkeit.

Doch wenn du die Augen nach innen kehrst
und die Wahrheit des Selbst-Wesens bezeugst,
des Selbst-Wesens, das Nicht-Wesen ist,
dann übersteigst du sophistisches Denken.

Das Tor zur Einheit von Ursache-Wirkung steht offen.
Der Pfad der Nicht-Zweiheit, Nicht-Dreiheit führt
geradeaus.
Deine Form ist der Nicht-Form Form,
dein Gehen-und-Kommen geschieht nirgends, denn
wo du weilst*.
Dein Gedanke ist des Nicht-Gedankens Gedanke,
dein Singen-und-Tanzen ist nichts als die Stimme
des Dharma.

* Unbewegt.

Wie grenzenlos und frei ist der Himmel des Samādhi!
Wie beglückend klar der Mond der Vierfachen Weisheit!
In diesem Augenblick – was mangelt dir?
Nirvāna zeigt sich dir.
Dort, wo du stehst, ist das Land der Reinheit,
deine Person der Körper des Buddha.*

Das Teishō dauert etwa eine Stunde, und zum Abschluß rezitieren die Mönche dreimal die «Vier Gelübde»:

Der Geschöpfe sind zahllose –
ich gelobe, sie alle zu retten.
Der Leidenschaften sind unzählige –
ich gelobe, sie alle auszurotten.
Der Dharma-Tore sind mannigfache –
ich gelobe, durch alle zu gehen.
Der Buddha-Weg ist unübertrefflich –
ich gelobe, ihn zu verwirklichen.

Während eines Sesshin gehen die Mönche häufiger als in der übrigen Zeit zum sogenannten Sanzen.** Hierbei sucht man den Meister auf, um ihm die Lösung eines Kōan zur Beurteilung vorzulegen oder um Probleme der Übung mit ihm zu besprechen. Auch das Sanzen hat einen sehr feierlichen, formellen Rahmen: An der Schwelle zum Raum des Meisters hat

* Zitiert nach Zenkei Shibayama: *Eine Blume lehrt ohne Worte*, Bern u. a. (O. W. Barth) 1989, S. 57f. (Anm. d. Übers.)

** *Sanzen* bedeutet wörtlich «Hingehen (zum) Zen»; häufig bezeichnet dieser Ausdruck auch einfach die rechte Weise, Zen zu üben. Hier jedoch ist das gemeint, was heute häufiger mit dem Begriff *Dokusan*, «allein zu einem Höheren gehen», bezeichnet wird. Diese Begegnung zwischen Meister und Schüler war früher, wie wir dem Regelwerk Pai-changs entnehmen können, eine öffentliche Angelegenheit, doch erwies es sich aus mancherlei Gründen als sinnvoller, diese Begegnungen streng vertraulich zu behandeln; beim Dokusan ist grundsätzlich niemand anderes zugegen als der Meister und der jeweilige Schüler.

der Schüler sich dreimal niederzuwerfen. Dann tritt er ein, die Hände in der Gasshō-Haltung, und läßt sich mit einer weiteren Verbeugung vor dem Meister nieder. Während der nun folgenden Begegnung kann es allerdings notwendig werden, alle gewohnten Umgangsformen fallenzulassen. Die Wahrheit des Zen in aller Offenheit und Direktheit zu demonstrieren, nur darauf kommt es hier an, und so kann es sogar sein, daß Schläge ausgetauscht werden. Ist die Begegnung zu Ende, zieht der Mönch sich auf die gleiche Weise zurück, wie er kam. Ein Sanzen für über dreißig Mönche wird in der Regel mehr als eineinhalb Stunden dauern, und dies ist auch für den Meister eine Zeit höchster Anspannung. Dies vier- oder fünfmal am Tag zu bewältigen ist eine Leistung, die dem Meister alles abverlangt.

Was das Zen-Begreifen des Meisters angeht, so setzt man absolutes Vertrauen in ihn. Hat der Schüler jedoch Grund, an den Fähigkeiten seines Meisters zu zweifeln, so kann er sich darüber beim Sanzen mit ihm auseinandersetzen. Diese Begegnungen mit ihren Demonstrationen der Zen-Erfahrung sind kein müßiges Spiel, sondern eine sehr ernste Angelegenheit. Wie ernst sie sind, mag man an Hakuins Ringen um die Anerkennung durch seinen Meister, Shōju Rōjin (auch Dōkyō Etan), ersehen.

Nach einer ersten Erleuchtungserfahrung mit zweiundzwanzig Jahren erlebte Hakuin später, nach beharrlicher und hingebungsvoller Übung des «Kōan Mu», eines Tages beim Klang der Klosterglocke tiefe Erleuchtung. So überwältigend war die Erfahrung, daß er sie für einzigartig in der Welt hielt. Er suchte den Meister auf, damit er ihm seine Erfahrung bestätigte, doch Shōju erkannte sofort, mit wieviel Stolz und Hochmut sein Schüler daherkam. Er saß gerade auf der Veranda, als Hakuin kam und ihm seine Einsicht darlegte.

«Dummes Zeug!» sagte der Meister.

«Dummes Zeug!» äffte Hakuin ihn lauthals nach.

Der Meister packte ihn, schlug ihn mehrmals und stieß ihn von der Veranda. Es hatte kurz zuvor geregnet, und Hakuin landete in einer großen Matschpfütze. Nach einer Weile hatte er sich wieder gefaßt, trat vor den Meister hin und verbeugte sich ehrerbietig.

Der Meister sagte: «Armer höhlenbewohnender Teufel.»

Hakuin war überzeugt, daß der Meister nicht sah, wie tief sein Zen-Begreifen war, und so beschloß er, die Sache irgendwie mit ihm auszufechten. Beim nächsten Sanzen führte er das «Dharma-Gefecht» mit allen Mitteln, die ihm zu Gebote standen, fest entschlossen, keinen Fußbreit Boden aufzugeben. Schließlich packte der Meister ihn abermals, versetzte ihm mehrere Schläge und stieß ihn von der Veranda. Hakuin stürzte über eine Steinmauer ziemlich tief ab und blieb eine Weile wie besinnungslos liegen. Der Meister schaute auf ihn hinunter und lachte herzhaft. Das brachte Hakuin wieder zu sich. Schweißgebadet stieg er wieder zum Meister hinauf, doch der sagte nur, wie schon so oft: «Armer höhlenbewohnender Teufel.»

Hakuin verzweifelte an seinem Meister und dachte daran, ihn zu verlassen. Als er eines Tages zum Bittgang im Dorf unterwegs war, kam er zu einem Haus, wo eine alte Frau ihm sagte, er werde keinen Reis bekommen. Er war jedoch so sehr von den Dingen absorbiert, die ihn am meisten beschäftigten, daß er wie versunken stehenblieb. Die Frau mißverstand dies als ein aufdringliches Beharren auf der Bitte um eine Gabe und schlug ihn so heftig mit ihrem Besen auf den Kopf, daß er besinnungslos hinstürzte. Als er wieder zu sich kam, war plötzlich sein Auge geöffnet für die Wahrheit des Zen. In grenzenloser Freude machte er sich auf den Rückweg zum Kloster.

Als er am Tor war, bemerkte ihn der Meister und winkte ihn zu sich her mit den Worten: «Was bringst du heute für Neuigkeiten? Komm herein, schnell, schnell!»

Hakuin erzählte ihm alles, was er an jenem Tag erlebt hatte.

Der Meister strich ihm sanft über den Rücken und sagte: «Nun hast du es. Nun hast du es.»

Danach wurde Hakuin nie wieder «armer höhlenbewohnender Teufel» genannt.

Diese Schulung also mußte der Vater des modernen japanischen Zen über sich ergehen lassen. Wie hart war der alte Shōju, als er Hakuin von der Mauer stieß! Und wie liebevoll, als sein Schüler aus so vielen «Mißhandlungen» siegreich hervorging! Da ist nichts Lauwarmes im Zen. Was lauwarm ist, ist nicht Zen. Es erwartet von uns, daß wir ganz in die Tiefe der Wahrheit vordringen, doch das können wir erst, wenn wir zu unserer ursprünglichen Nacktheit zurückgekehrt sind, aller intellektuellen und sonstigen Hüllen entkleidet. Mit jedem Schlag befreite Shōju seinen Schüler ein wenig mehr von seiner Heuchelei. Wir alle leben unter so vielen Schutzhüllen, die mit unserem wahren Inneren nichts zu tun haben. Um dieses Innere freizulegen, um uns zu wirklicher Selbsterkenntnis zu führen, schrecken die Meister auch vor grausam wirkenden Mitteln nicht zurück. Wichtig ist hierbei das Vertrauen in die Wahrheit des Zen und in das vollkommene Begreifen dieser Wahrheit durch den Meister. Wem dieses Vertrauen mangelt, der glaubt auch nicht an seine eigenen spirituellen Fähigkeiten. «Ihr Kleingläubigen!» rief Lin-chi aus. «Wie wollt ihr je den Ozean des Zen ausloten?»

DAS AUSREIFEN DER ZEN-ERFAHRUNG

Wir sind es gewohnt, daß es bei jeder Form von Ausbildung nach einer bestimmten Anzahl von Jahren einen Abschluß gibt, auf den hin «Matura» erteilt wird. Das ist in der Zen-Schulung natürlich nicht der Fall. Manch einer hat sich nach zwanzig Jahren noch nicht für das «Zeugnis der Reife» qualifiziert.

Zen in jedem Augenblick des Lebens zu praktizieren, also vollkommen vom Geist des Zen durchtränkt zu sein – das freilich ist noch einmal etwas ganz anderes. Ein Leben kann dafür zu kurz sein, heißt es doch, daß selbst Shākyamuni-

Buddha und Maitreya-Buddha noch mitten in ihrer Selbst-Schulung sind.

Um ein wirklich qualifizierter Meister zu sein, genügt das bloße Begreifen der Wahrheit des Zen noch nicht. Man muß eine Phase durchlaufen, die als «das lange Ausreifen des heiligen Schoßes» bezeichnet wird. Dieser Ausdruck scheint aus dem Taoismus zu stammen; im Zen bezeichnet er ein Leben in Übereinstimmung mit dem Begreifen. Unter der Führung eines Meisters wird ein Mönch schließlich in alle Geheimnisse des Zen eindringen, aber wenn es sich hier auch durchweg um echte Erfahrung handelt, stellt seine Einsicht doch noch nicht mehr als ein Potential dar, und nun kommt es darauf an, daß er seine Einsicht in jeden Aspekt seines Lebens, ja in jede Zelle seines Körpers einarbeitet.

Das ist der Beginn einer neuen Phase der Schulung; was im Zendō gewonnen wurde, ist das Wissen um die Richtung, in welche die Bemühungen nun mit aller Kraft fortgesetzt werden müssen. Allerdings ist es nun nicht mehr nötig, weiterhin im Zendō zu bleiben. Vielmehr kommt es jetzt darauf an, das Erreichte im wirklichen Kontakt mit der Welt zu erproben und zu vertiefen. Für dieses «Ausreifen» gibt es keine vorgegebenen Regeln mehr. Jeder handelt nach eigenem Ermessen in dem Rahmen, in dem er sich jeweils gerade befindet. Er mag sich in die Berge zurückziehen und als Einsiedler leben oder zum «Markt» gehen und aktiven Anteil an allen Dingen dieser Welt nehmen. Der Sechste Patriarch soll fünfzehn Jahre zurückgezogen in den Bergen gelebt haben, nachdem er das Kloster des Fünften Patriarchen verlassen hatte. Die Welt wußte nichts von ihm, bis er sich nach der langen Zurückgezogenheit in die Provinz Kuang aufmachte.

Nan-yang Hui-chung (Nan'yō Echū), bekannt als Landesmeister Chung, war ein Schüler des Sechsten Patriarchen. Nach langer Schulung zog er sich für vierzig Jahre nach Nanyang zurück, um seine Zen-Erfahrung weiter zu vertiefen. Erst mit etwa fünfundachtzig Jahren folgte er widerwillig dem dringenden Ruf des Kaisers und verließ seine Hütte.

Kuei-shan (Isan) verbrachte etliche Jahre unter Affen und Hirschen in der Wildnis und lebte von Nüssen. Dennoch spürte man ihn auf und errichtete Klöster in der Umgebung seiner Einsiedlerklause. 1500 Menschen zählte die Mönchsgemeinde, die sich um ihn scharte. Kanzan Egen, der Gründer des Myōshin-ji in Kyōto, zog sich für viele Jahre in die Berge zurück und diente als Tagelöhner, bis seine Identität schließlich doch aufgedeckt wurde und der Kaiserhof ihn dringend aufforderte, in der Hauptstadt ein Kloster zu gründen. Hakuin wurde Hüter eines verlassenen Tempels in Suruga, und seinen Aufzeichnungen können wir entnehmen, unter welchen Umständen er seine Laufbahn begann: «Es gab keine Dächer, und die Sterne schienen nachts herein. Fußböden gab es ebenfalls nicht. Im Hauptteil des Tempels konnte man sich bei Regen nur mit Regenhut und hohen Getas aufhalten. Alles Land, das zum Tempel gehörte, war in den Händen der Gläubiger, und die priesterliche Habe war den Kaufleuten verpfändet.»

Es gibt viele solche Fälle in der Geschichte des Zen. Es geht hier nicht um Askese, sondern eben um dieses «Ausreifen», wie es so treffend genannt wird. Viele Versuchungen lauern unterwegs, und wenn man ihnen nicht gründlich den Boden entzieht, kann das ganze Gebäude moralischer Kultur wieder in sich zusammenstürzen. Insbesondere erweist sich das Gefühl, nach einer tiefen Erfahrung an keine Regeln und Gesetze mehr gebunden zu sein, immer wieder als eine Falle, vor der man stets auf der Hut sein muß. Daher dieses «Ausreifen».

GEHEIME TUGEND

In mancher Hinsicht mag die Art der Zen-Schulung, wie sie in Klöstern praktiziert wird, ein wenig unzeitgemäß wirken. Das Leben einfach zu halten, keine Zeit an ablenkende Dinge zu verschwenden, Selbstgenügsamkeit und Unabhängigkeit und etwas, das «geheime Tugend» genannt wird – das jedenfalls sind Grundsätze, die zu allen Zeiten und unter allen Umständen gültig und vernünftig sind. Insbesondere letzteres ist einer der sehr charakteristischen Züge des Zen. «Geheime Tugend» bedeutet, Gutes zu tun, ohne auf Anerkennung bedacht zu sein, weder durch andere noch durch sich selbst. Dies entspricht dem, was man im Christentum mit den Worten «Dein Wille geschehe» umschreibt. Ein Kind droht zu ertrinken, ich springe ins Wasser, und es wird gerettet. Was zu geschehen hatte, geschah. Kein weiterer Gedanke wird daran verschwendet. Ich gehe weiter und wende mich nicht mehr um. Eine Wolke zieht vorbei, und dann ist der Himmel wieder so blau und so weit wie immer. Das nennt man im Zen «Taten ohne Verdienst».

Das ist der psychologische Aspekt der «geheimen Tugend». Der religiöse Aspekt besteht in tiefer Achtung und vor allem Achtsamkeit für alle Dinge der Welt, einem Gefühl großer Verantwortung, fast so, als hätte man alles Leiden der Welt auf den eigenen Schultern zu tragen.

Eine alte Frau fragte Chao-chou: «Ich gehöre dem Geschlecht an, das in fünferlei Weise am Erlangen der Buddhaschaft gehindert ist; wie kann ich von diesen Hindernissen befreit werden?»

Chao-chou sagte: «Mögen alle Menschen im Himmel geboren werden, und möge nur ich, dieses unbedeutende Ich, ganz allein leiden in diesem Ozean des Schmerzes.»

Das ist der Geist des wahren Zen-Schülers. Eine andere Begebenheit, die uns in einem Beispiel des *Pi-yen-lu* erzählt wird, scheint ebenfalls von diesem endlosen Erdulden zu handeln:

Ein Mönch fragte Chao-chou: «Seit langem höre ich über Chao-chous Steinbrücke. (Aber) als ich herkam, sah ich bloß eine einfache Holzbrücke.»

Chao-chou sagte: «Da du nur eine einfache Holzbrücke siehst, kannst du vorläufig die Steinbrücke nicht sehen.»

Der Mönch sagte: «Was ist denn die Steinbrücke?»

Chao-chou sagte: «Sie führt die Esel herüber, sie führt die Pferde herüber.»*

Ist das ein beiläufiges Gespräch über irgendeine Brücke in der Nähe von Meister Chao-chous Kloster? Welche Art von Brücke mag hier gemeint sein? Fragen wir uns doch selbst, ob wir eine Brücke besitzen, die nicht nur Pferde und Esel, Männer und Frauen, schwere und leichte Karren «herüberführt», sondern die ganze Welt mit all ihren Verrücktheiten, eine Brücke, die manchmal ächzt unter der Last und manchmal verflucht wird, eine Brücke, die all das klaglos erduldet. Spricht Chao-chou von solch einer Brücke?

Dieser Geist des Leidens darf jedoch nicht im christlichen Sinne verstanden werden: Gebet und Kasteiung für den Sündennachlaß. Ein Zen-Mönch hat kein Verlangen, von seinen Sünden losgesprochen zu werden, das ist eine viel zu ichbezogene Vorstellung. Er möchte vielmehr die Welt von ihrem Elend erlösen, und seine eigenen Sünden, von denen er weiß, daß sie mit seinem Wahren Wesen nichts zu tun haben, überläßt er sich selbst. Deshalb ist er einer von denen, «die da weinen, als weinten sie nicht; und die sich freuen, als freuten sie sich nicht; und die da kaufen, als besäßen sie es nicht; und die diese Welt gebrauchen, daß sie dieselbe nicht mißbrauchen» (1. Kor. 7,29–31).

Christus sagt: «Wenn du aber Almosen gibst, so laß deine linke Hand nicht wissen, was die rechte tut, auf daß dein Almosen verborgen sei.» Das ist die «geheime Tugend» des Buddhismus. Wenn er aber fortfährt: «Und dein Vater, der in das Verborgene sieht, wird dir's vergelten öffentlich», öffnet sich eine tiefe Kluft zwischen Buddhismus und Christentum. Solange da noch ein Gedanke ist an irgend jemanden, der dein Tun sieht, bist du, wie man im Zen sagen würde, «noch nicht einer von uns». Solche Taten sind nicht «ohne Verdienst», sondern voller Spuren und Schatten. Das vollkommene Gewand weist keine Nähte auf, weder innen noch außrm; es ist

* *Pi-yen-lu*, 52. Beispiel.

aus einem Stück, und niemand weiß, wo das Werkstück beginnt und wie es gewebt wurde. Im Zen darf von einer guten Tat keine Spur von Bewußtsein zurückbleiben, von dem Gedanken an Vergeltung ganz zu schweigen. «Der Wind bläst, wo er will, und du hörst sein Sausen wohl; aber du weißt nicht, woher er kommt und wohin er fährt» (Joh. 3,8) – das ist das Zen-Ideal.

Der taoistische Philosoph Lieh-tzu beschreibt diese Geistesverfassung so:

> Nach neunjährigen Bemühungen kann ich meinen Geist nun vollkommen freisetzen und meine Worte beim Sprechen ungezwungen hervorströmen lassen. Ich weiß nicht, ob wahr oder falsch, Gewinn oder Verlust mein oder dein sind. Ich bin mir dessen nicht bewußt, daß der alte Meister Shang-tzu mein Meister und daß Pai-kao mein Freund ist. Mein Selbst, sowohl innen als auch außen, ist verwandelt. Alles um mich ist Eins. Mein Auge wird mein Ohr, mein Ohr wird meine Nase, meine Nase wird mein Mund. Mein Geist ist aufs höchste integriert, und mein Körper löst sich auf. Meine Knochen und mein Fleisch schmelzen hinweg. Ich kann nicht sagen, wodurch mein Körper aufrecht gehalten wird und worauf meine Füße schreiten. Ich wehe umher nach Osten und Westen wie ein trockenes Blatt, das vom Baum losgerissen ist. Ich weiß nicht einmal, ob der Wind auf mir reitet oder ob ich auf dem Wind reite.*

Der Wind ist vielleicht eines der besten Bilder, mit denen wir uns der Idee des Nicht-Anhaftens oder der Shūnyatā-Philosophie annähern können. Die chinesischen Mystiker stellten mit dem Wind ihr Gewahrsein der absoluten Einheit dar, für die wir im Buddhismus auch den Ausdruck «Leere» haben. Stellen wir dem nun die folgenden Worte Meister Eckharts

* Zitiert nach Chang Chung-yuan: *Tao, Zen und schöpferische Kraft*, Düsseldorf, Köln (Diederichs) 1975, S. 76.

gegenüber: «Darum ruft die Braue auch weiter: ‹Weiche von mir, mein Geliebter, weiche von mir! Alles, was irgend der Darstellung fähig ist, das halte ich nicht für Gott. Und so flieche ich vor Gott, Gottes wegen!› – ‹Ei, wo ist dann der Seele Bleiben?› – ‹Auf den Fittichen der Winde.›» (Hermann Büttner: *Meister Eckeharts Schriften und Predigten*, Band 1, Jena 1903, S. 189.) «So flieche ich vor Gott, Gottes wegen», erinnert uns an die Worte eines Zen-Meisters: «Ich verabscheue es, auch nur den Namen des Buddha zu hören.»

ARMUT IM GEISTE

Selbst in den Worten der großen christlichen Mystiker ist für das Zen noch allzu viel Gottesbewußtsein. Die vollkommene Überwindung der Kluft zwischen Subjekt und Objekt, wie sie in Lieh-tzus Worten über den Wind zum Ausdruck kommt – das ist es, wonach die Schüler von Chao-chou, Yün-men und den anderen großen Zen-Meistern streben. Nicht weil sie gegen den Buddhismus sind, «verabscheuen sie es, auch nur den Namen des Buddha zu hören», sondern weil sie mit der Wahrheit des Buddhismus so vollkommen eins geworden sind. Hören wir den sanften Verweis, den Wu-tsu Fa-yen seinem Schüler Yüan-wu erteilte:

Wu-tsu sagte: «Mit dir steht es recht, doch hast du einen kleinen Fehler.»

Yüan-wu fragte zwei- oder dreimal, worin dieser Fehler bestehe.

Schließlich sagte der Meister: «Du hast zuviel Zen.»

«Wenn man sich im Zen schult», wandte der Schüler ein, «ist es doch ganz natürlich, daß man darüber spricht, findet Ihr nicht? Was gefällt Euch daran nicht?»

Wu-tsu erwiderte: «Wenn es wie ein ganz alltägliches Gespräch ist, mag es noch angehen.»

Ein Mönch, der gerade zugegen war, fragte: «Weshalb verabscheut Ihr es, über Zen zu sprechen?»

Der Meister sagte: «Weil es einem den Magen umdreht.»

Rinzai fand zu diesem Thema ganz andere Worte, die wir gewiß als haarsträubend empfinden würden, wüßten wir nicht, wie ernst es ihm damit war, die Falschheiten der Welt auszuräumen, und wie unnachsichtig er sich selbst durch alle Wirrnisse trieb. Hören wir, mit welchen Worten er die Götzen zu zerstören und den Geist der Wahrheitssucher von den letzten Spuren von «Gottesbewußtsein» zu befreien versuchte:

> Ihr Anhänger der Wahrheit, wenn ihr das rechte Begreifen erlangen wollt, laßt euch von niemandem irreführen. Begegnet ihr innen oder außen einem Hindernis, so stürzt es augenblicklich um. Begegnet ihr dem Buddha, so tötet ihn; begegnet ihr einem Patriarchen, so tötet ihn; begegnet ihr einem Arhat oder den Eltern oder Verwandten, so tötet sie, ohne zu zögern, denn das ist der einzige Weg zur Befreiung. Laßt euch nicht mit irgendeinem Objekt ein, sondern steht darüber, geht weiter und seid frei. Wenn ich die sogenannten Anhänger der Wahrheit landauf, landab betrachte, so ist da keiner, der frei und unabhängig von Objekten vor mich hinträte. Habe ich mit solchen zu tun, so schlage ich sie nieder, wie sie kommen. Vertrauen sie auf die Kraft ihrer Arme, so schneide ich sie gleich ab; vertrauen sie auf ihre Redegewandtheit, so mache ich sie schweigen; vertrauen sie auf die Schärfe ihrer Augen, so schlage ich sie mit Blindheit. Bisher ist da wahrhaftig niemand, der ganz auf sich gestellt, ganz frei, ganz er selbst vor mich hingetreten wäre. Unweigerlich findet man sie in die Netze der alten Meister verstrickt. Ich habe euch wirklich nichts zu geben. Ich kann nur eure Krankheit heilen und euch aus den Banden befreien.
>
> Ihr Anhänger der Wahrheit, zeigt euch hier unabhängig von allen Objekten, ich möchte die Sache mit euch erwägen. Die letzten fünf oder zehn Jahre warte ich auf solche, und es gab noch keine. Sie sind alle gespensterhafte Exi-

stenzen, Dämonen, die in Wäldern und Bambushainen ihr Unwesen treiben, Irrlichter der Wildnis. In ihrem Wahn beißen sie in jeden Schmutzhaufen. Ihr Blinden, was vergeudet ihr all die Gaben der Frommen? Glaubt ihr, der Bezeichnung «Mönch» würdig zu sein, solange ihr noch eine so falsche Vorstellung [vom Zen] hegt? Ich sage euch: Keine Buddhas, keine heiligen Lehren, keine Disziplinierung, keine Bestätigung. Was sucht ihr im Nachbarhaus? Ihr Blinden, ihr setzt einen zweiten Kopf auf euren eigenen! Was mangelt euch? Ihr Anhänger der Wahrheit, wovon ihr eben jetzt Gebrauch macht, ist das, was einen Patriarchen oder Buddha ausmacht. Doch ihr glaubt mir nicht und sucht es außen. Begeht keinen Fehler. Es gibt außen keine Wirklichkeiten, noch ist in euch etwas, das ihr ergreifen könntet. Ihr heftet euch an die wörtliche Bedeutung dessen, was ich euch sage, doch wieviel besser ist es, alles Sinnen und Trachten zum Stillstand zu bringen und sich im Nicht-Handeln zu üben!»

Den Bewußtseinszustand, in dem auch die letzten Spuren von begrifflichem Bewußtsein ausgelöscht sind, nennen die christlichen Mystiker «Armut». Absolute Armut ist nach Taulers Worten dann gegeben, wenn wir uns nicht erinnern können, ob irgend jemand uns je etwas schuldig war; es kommt dem Vergessen im Tode gleich.

Die Zen-Meister bedienen sich einer eher positiven und häufig poetischen Ausdrucksweise für dieses Gefühl der Armut. Hören wir Meister Wu-mens (Mumon) «Lobspruch» zum 19. Beispiel des *Wu-men-kuan*:

Im Frühling Hunderte von Blumen, im Herbst der Mond,
im Sommer kühler Wind, im Winter Schnee.
Wenn müßige Dinge deinen Sinn nicht umwölken,
so ist das des Menschen gute Jahreszeit.

Und Shou-an (Shuan) singt:

In Nantai sitze ich still, Räucherwerk brennend.
Ein Tag der Entrückung, alle Dinge sind vergessen.
Nicht daß der Geist zum Schweigen gebracht und alle Gedanken abgelegt wären,
sondern da ist im Grunde nichts, was meine heitere Gelassenheit stören könnte.

Hier ist durchaus nicht die Rede davon, daß er nur müßig dasitzt und nichts weiter zu tun hat, als sich am Kirschblütenduft in der Morgensonne oder am einsamen silbrigen Mond zu ergötzen. Er kann in dieser Geistesverfassung vielmehr mitten in der Arbeit sein, seine Schüler lehrend, Sūtras lesend, den Hof kehrend oder das Land bearbeitend, wie es alle Meister getan haben – und doch ist sein Geist von tiefem Frieden erfüllt. Im Christentum würde man sagen: Er lebt in Gott. Alles Sehnen des Herzens ist befriedet, keine müßigen Gedanken halten den Strom des Lebens auf, und in diesem Sinne ist er gänzlich leer, «arm im Geiste». Arm, wie er ist, weiß er sich an «Frühlingsblumen» und «Herbstmond» zu erfreuen. Wo weltlicher Reichtum im Herzen gehortet wird, ist kein Platz für solche Freuden. Zen-Meister sprechen gern in positiven Ausdrücken von ihren «Reichtümern» und erwähnen statt ihrer leeren Hände lieber die natürliche Vollkommenheit der Dinge, die ihnen begegnen. Yang-ch'i (Yōgi) dagegen spricht ganz direkt von der Leergefegtheit dieses Lebens in der Armut. Eines Tages bestieg er den Zen-Sitz und begann:

Meine Wohnstatt ist nun hier in Yang-ch'i; die Wände und das Dach, wie hat das Wetter ihnen zugesetzt!
Der Boden mit weißen Schneekristallen bedeckt.
Ein Frösteln den Nacken hinunter, gedankenvoll.

Und nach einer Pause fügte er hinzu:

Wie gegenwärtig mir die alten Meister sind, deren
Lebensraum aus nicht mehr als dem Schatten
eines Baumes bestand!

Und Hsiang-yen (Kyōgen) schließlich spricht ganz unverhüllt von der Armut:

Die Armut des letzten Jahres war nicht Armut genug.
Die Armut dieses Jahres ist wahrlich Armut.
In der Armut des letzten Jahres war noch Platz für eine
Holzbohrerspitze.
Doch in diesem Jahr ist selbst der Holzbohrer fort.

Später kommentierte Meister K'u-mu Yüan (Koboku Gen) Hsiang-yens Lied der Armut mit einem eigenen Vers:

«Weder Holzbohrerspitze noch Raum dafür», singen
manche, doch das ist noch nicht wahre Armut.
So lange man dessen gewahr ist, daß man nichts hat,
ist da immer noch ein Wächter der Armut.
Neuerdings bin ich wahrhaft arm,
Denn von Anbeginn an sehe ich niemanden, der arm ist.

Yün-men hatte seinen eigenen Ausdruck für diese äußerste Armut; als ein Mönch ihn nach den besonderen Zügen seiner Schule fragte, sagte er: «Meine Haut ist dürr, und die Knochen stehen vor.» Üppiges Wohlleben und echte Spiritualität passen nicht gut zusammen, wenn sie auch nicht grundsätzlich im Widerspruch stehen. Es zeigt sich nur immer wieder, daß das Ansammeln von Reichtum Charaktere formt, die mit dem Ideal des spirituellen Lebens unvereinbar sind. Nichts zu haben, nicht einmal Weisheit und Tugend, wurde deshalb zum Ziel des Buddhismus, was allerdings keine Verachtung all der Dinge bedeutet, die man haben kann. Auch Verachtung stellt eine Unreinheit dar, eine Verhaftung negativer Art. Der wahre Bodhisattva steht selbst über Reinheit und

Tugend – um wieviel mehr über solchen nichtigen menschlichen Schwächen! Erst wer von all dem gereinigt ist, wird wahrhaft arm sein, dünn und durchscheinend.

Das Ziel des Zen ist das «Nicht-Erlangen». Alles Wissen, alle Erkenntnis sind Aneignung und Anhäufung, und Zen will uns allen Besitz nehmen und uns arm und demütig machen. Gelehrsamkeit macht einen besitzend und überheblich, und deshalb kommt es auf das «Vermindern» an, von dem Lao-tzu im 48. Abschnitt des *Tao-te-ching* spricht:

> Wer das Lernen übt, vermehrt täglich.
> Wer den SINN [Tao] übt, vermindert täglich.
> Er vermindert und vermindert,
> bis er schließlich ankommt beim Nichtsmachen.
> Beim Nichtsmachen bleibt nichts ungemacht . . .*

Dieses «Vermindern» wird schließlich zu «Nicht-Erlangen», zu wirklicher Armut. Armut ist ein anderes Wort für Leere (*shūnyatā*); wenn der Geist von allem Unrat gesäubert ist, der sich seit unvordenklichen Zeiten angesammelt hat, steht er ganz nackt da. Er ist nun leer, frei und echt und gewinnt seine naturgegebene Autorität. Und darin liegt eine große Freude – nicht jene Freude, die durch ihr Gegenteil, Kummer, jederzeit wieder aufgehoben werden kann, sondern eine absolute Freude, von der nichts fortgenommen und der nichts hinzugefügt werden kann.

Die buddhistische Denkweise unterscheidet sich in vielem sehr von der abendländischen, und so sind christliche Leser häufig recht schockiert von Vorstellungen wie «Leere» und «absolute Armut». Dennoch, alle wahren Mystiker in Ost und West stimmen darin überein, daß Armut das Ziel ihrer spirituellen Entwicklung ist.

* In der Übersetzung Richard Wilhelms: *Laotse. Tao te king*, Düsseldorf, Köln (Diederichs) 1978, S. 91. «Nichtsmachen» ist die Übersetzung von chin. *wu-wei*, das nicht etwa «Müßiggang» bezeichnet, sondern «absichtsloses Handeln». (Anm. d. Übers.)

Im Christentum bleibt doch stets etwas zuviel Gottesbewußtsein, wenn wir auch sagen, daß wir in Ihm leben und unser Sein haben. Zen möchte, daß auch die allerletzten Spuren von Gottesbewußtsein noch vergessen werden. Deshalb heißt es im Zen, wir sollen nicht da verweilen, wo der Buddha ist, und schon gar nicht da, wo er nicht ist. Alle Schulung der Mönche im Zendō beruht auf der Vorstellung des «verdienstlosen Tuns». Wir mögen dafür poetische Worte wählen wie die folgenden:

Der Bambusschatten wischt über die Treppe,
doch kein Staub wird aufgewirbelt.
Das Mondlicht dringt hinab bis zum Grund des Weihers,
doch keine Spur bleibt im Wasser zurück.

In der indischen «Fachsprache» des *Lankāvatāra-Sūtra* nimmt es sich ein wenig anders aus:

> Gewohnheits-Energie ist nicht gesondert vom Geist noch zusammen mit dem Geist. In Gewohnheits-Energie gehüllt, ist der Geist doch gänzlich frei von Unterschied.
> Gewohnheits-Energie ist wie beschmutzte Kleidung, erzeugt durch Manovijñāna, und verhindert, daß der Geist erstrahlt, wenngleich der Geist selbst ein Gewand von unübertrefflicher Reinheit ist.
> Ich sage, daß das Ālaya wie leerer Raum ist, weder seiend noch nichtseiend, denn das Ālaya hat nichts mit Sein oder Nichtsein zu tun.
> Durch die Wandlung von Manovijñāna wird der Geist von allem Unreinen gesäubert. Er wird erleuchtet, indem er nun alle Dinge durch und durch erfaßt.

Kommen wir zum Abschluß noch einmal zurück auf die Rolle der Sprache in der Zen-Schulung, insbesondere in der Form des Teishō, also der «Darlegung» der Zen-Erfahrung durch den Meister. Was wir «Sesshin» nennen, gibt es, wie schon gesagt, erst seit relativ kurzer Zeit, und die Teishō vor den versammelten Mönchen fanden ursprünglich ausschließlich an besonderen Fest- und Gedenktagen statt oder zu besonderen Gelegenheiten wie etwa beim Empfang von Besuchern oder bei der Fertigstellung wichtiger Projekte: jede Gelegenheit wurde wahrgenommen. Diese Darlegungen, Ermahnungen und kurzen, prägnanten Bemerkungen, die so charakteristisch sind für Zen, bilden einen Großteil dessen, was man Zen-Literatur nennt. Bevor ich einige dieser Darlegungen zitiere, möchte ich ein paar Worte über die chinesische Sprache als Medium der Zen-Anschauung sagen.

Für mein Verständnis ist die chinesische Sprache dem Zen-Denken geradezu «auf den Leib geschneidert». Als monosyllabische Sprache ist sie knapp und kraftvoll, und ein einzelnes Wort kann sehr viel Bedeutung in sich aufnehmen. Eine gewisse Unbestimmtheit oder Vieldeutigkeit mag vielleicht eine unvermeidliche Begleiterscheinung dieser Stärken sein, doch Zen weiß sich eben dieser Unbestimmtheit geschickt zu bedienen, und in den Händen der Meister wird diese Sprache zu einer unschlagbaren Waffe. Keineswegs haben sie es darauf abgesehen, in ihren Äußerungen dunkel und irreführend zu sein; vielmehr kann ein wohlgewähltes Ein-Silben-Wort, wenn es von ihren Lippen fällt, mit der ganzen Tiefe des Zen aufgeladen sein. Yün-men wird als der größte Meister des «Ein-Wort-Zen» angesehen. Von seinen unglaublich lakonischen Antworten mögen die folgenden Beispiele einen Eindruck geben.

Als er gefragt wurde, was das Schwert Yün-mens sei, erwiderte er: «Hung!»

Auch die folgenden Antworten bestehen im Chinesischen aus nur einer Silbe:

«Was ist der eine gerade Zugang zu Yün-men?»
«Ganz dicht dran!»

«Welcher der Trikāya [Drei Leiber des Buddha] ist es, der predigen wird?»
«Trifft!»

«Wie ich höre, sagen all die alten Meister: Wenn du erkennst, sind alle Karma-Hindernisse leer von Anbeginn; erkennst du aber nicht, so hast du alle Schulden zurückzuzahlen. Ich frage mich, ob der Zweite Patriarch dies wußte oder nicht.»
«Ganz gewiß!»

«Was ist das Auge des wahren Dharma?»
«Überall!»

«Wenn man Vatermord oder Muttermord begeht, tritt man vor den Buddha hin, um die Sünde zu bekennen. Tötet man jedoch einen Buddha oder Patriarchen, wohin geht man dann zum Bekennen der Sünde?»
«Entblößt!»

«Was ist das Tao [Weg]?»
«Geh weiter!»

«Wie kommt es, daß man ohne Einwilligung der Eltern nicht ordiniert werden kann?»
«Wie seicht!»
«Ich verstehe nicht.»
«Wie tief!»

«Was ist das Wort, das keinen Schatten wirft?»
«Enthüllt!»

Nur eine einzige Silbe, und die Fragen sind aus dem Weg geräumt. Umschweifigkeit liegt den Zen-Meistern gar nicht, und sie haben wohl kaum ihresgleichen, wenn es darum geht, direkt ins Schwarze zu treffen und sich ohne jeden Wortballast klar und deutlich auszudrücken. Diesem Zweck leiht die chinesische Sprache sich besonders gut. Knappheit und Kraft sind ihre besonderen Eigenschaften, denn jede einzelne Silbe ist ein Wort, ja manchmal ein ganzer Satz. Eine Folge von Substantiven, ohne Verben und Konjunktionen, reicht oft aus, um einen komplexen Gedanken zu vermitteln. Natürlich ist die chinesische Literatur voll von pointierten Epigrammen und prägnanten Aphorismen. Die Wörter sind «handlich», und jedes kann für sich stehen; Sätze sind wie aus Felsbrocken gefügt, die kein Mörtel verbindet. Sie täuschen kein organisches Gebilde vor; jedes Glied der Kette hat seine eigene unabhängige Existenz, und doch liegt in solchen Sätzen etwas Unwiderstehliches. Das Chinesische ist die mystische Sprache *par excellence.*

Dies läßt sich allerdings eigentlich nur über die Umgangssprache sagen, die in ihrer Knappheit und Direktheit dem Charakter des Zen so verwandt ist und in der Zen-Literatur ihren Niederschlag gefunden hat. Mit der übrigen chinesischen Literatur verhält es sich ganz anders. Die Gelehrten, Philosophen und Dichter hatten sich gänzlich einem klassischen Formverständnis verschrieben und waren peinlichst darauf bedacht, sich nur in höchst gewählter und ausgefeilter Sprache mitzuteilen. Alles, was uns an alter chinesischer Literatur erhalten blieb, ist eben diesem Klassizismus verpflichtet, während das Umgangssprachliche und Volkstümliche jener Zeit verlorenging. Die Schriften der Zen-Meister sind die einzigen Zeugnisse, an denen wir heute noch erkennen können, wie zur Zeit der T'ang- oder der Sung-Dynastie wirklich gesprochen wurde. Es ist wohl eine Ironie des Schicksals, daß gerade diejenigen, welche die Tauglichkeit der Worte für die Übermittlung der Wahrheit verneinten und an das intuitive Begreifen appellierten, zu Bewahrern einer alten Sprache wurden, die die klassischen Autoren verächtlich mieden.

Wie es dazu kam, ist leicht nachzuvollziehen: Der Buddha predigte in der Sprache des Volkes, und auch Christus hielt es so. Die griechischen oder Sanskrit-Texte sind Ausarbeitungen einer späteren Zeit, in welcher der Glaube schon nicht mehr so ursprünglich und lebendig war und die Scholastiker sich seiner bemächtigten. Die lebendige Religion wurde in ein intellektuelles System verwandelt und verschwand schließlich in einem ausgefeilten, aber ihrem Wesen völlig fremden Formalismus. Zen widersetzte sich dem von Anfang an ganz entschieden und bediente sich bewußt einer Sprache, die allen Menschen zugänglich blieb und jeden berühren konnte, der sich für dieses neue, lebendige Licht öffnete.

Die Zen-Meister mieden die spezifische Terminologie der buddhistischen Philosophie, wo immer das möglich war. Sie sprachen nicht nur über Dinge, die den einfachen Mann interessierten, sondern bedienten sich auch seiner Sprache, denn es war zugleich die Sprache, die den zentralen Ideen des Zen am besten Ausdruck gab.

Ähnliches geschah in Japan. Als Hakuin das Zen modernisierte, bediente er sich ausgiebig der damaligen Umgangssprache (und nicht nur der gehobenen) und griff auch gern auf Volkslieder zurück. Die verbrauchte und leblos gewordene Sprache der Gelehrten und Stilisten konnte dem schöpferischen Charakter des Zen weder in China noch in Japan gerecht werden, und so war die Hinwendung zur Umgangssprache unausweichlich. Noch heute haben selbst die Experten auf dem Gebiet der klassischen chinesischen Literatur große Schwierigkeiten mit den alten Zen-Texten, von deren spirituellem Sinn ganz zu schweigen.

Zen in der Gestalt, in der wir es heute noch kennen, ist eine Schöpfung des chinesischen Geistes, und in dieser Gestalt wurde es zu einer einzigartigen Kraft in der Geschichte der chinesischen Kultur. Solange der indische Einfluß noch überwog, war Zen noch nicht frei von den spekulativen Abstraktionen der buddhistischen Philosophie und daher noch nicht Zen im eigentlichen Sinne. Vielfach wird die Auffassung vertreten, im sogenannten primitiven Buddhismus habe es noch kein Zen gegeben, der Buddha sei also nicht der Urheber des

Zen. Hier wird jedoch die Tatsache übersehen, daß eine Religion sich den Gegebenheiten einer fremden Kultur, in die sie übertragen wird, anpaßt, ja, daß sie sich anpassen muß, weil sie sonst abstirbt und damit beweist, daß sie keinen von äußeren Umständen unabhängigen Lebensimpuls besaß. Zen behauptet seit dem Beginn seiner Geschichte in China mit allem Nachdruck, daß es nicht irgendein fertiges System namens «Buddhismus» übermittelt, sondern den Geist des Buddha. Unabhängig von der traditionellen buddhistischen Philosophie, Terminologie und Denkweise hat Zen sich sein eigenes Gewand von innen heraus gewebt, wie eine Seidenraupe ihren Kokon spinnt. Daher ist das Erscheinungsbild des Zen sein ureigenes und ursprüngliches Gewand, das weder Flikken noch Nähte aufweist. Zen ist wahrhaft das «himmlische Gewand», von dem die Tradition spricht.

Kommen wir nun aber zu den versprochenen Darlegungen der Meister, wie sie vor allem im *Ch'uan-teng-lu* (jap. *Dentōroku*), der «Aufzeichnung über die Weitergabe der Leuchte», und den Yü-lu (jap. Goroku) oder «Worte-Aufzeichnungen» der Meister zu finden sind.

Chao-chou sagte: «Dies Ding ist wie das Hochhalten eines durchsichtigen Kristalls. Kommt ein Fremder, so spiegelt er ihn als solchen; kommt ein Chinese, so spiegelt er ihn als solchen. Ich nehme einen Grashalm auf und lasse ihn wirken als einen, der einen goldenen Körper von sechzehn Fuß Höhe hat [Buddha]. Und wiederum nehme ich einen, der einen goldenen Körper von sechzehn Fuß Höhe hat, und lasse ihn als Grashalm wirken. Der Buddha ist, was die menschlichen Begierden ausmacht, und menschliche Begierden sind nichts anderes als Buddhaschaft.»

Ein Mönch fragte:* «Für wen werden die Begierden des Buddha geweckt?»

* Nach einem Teishō können die Mönche vortreten und Fragen zum Thema der Darlegung oder auch zu anderen Gegenständen stellen.

«Seine Begierden werden für alle Wesen geweckt.»

«Wie wird er ihrer dann ledig?»

«Welchen Nutzen hat es, ihrer ledig zu werden?»

Ein andermal sagte Chao-chou: «Kāshyapa übertrug Ānanda den Dharma, und könnt ihr mir sagen, wem Bodhidharma ihn übertrug?»

Ein Mönch warf ein: «Weshalb lesen wir, der Zweite Patriarch habe Bodhidharmas Mark erlangt?»

«Verunglimpfe den Zweiten Patriarchen nicht», sagte Chao-chou. «Bodhidharma sagt, daß der, der außen ist, die Haut erlangt, und der, der innen ist, die Knochen. Aber könnt ihr mir sagen, was der erlangt, der ganz innen ist?»

Ein Mönch sagte: «Aber wir wissen doch alle, daß da einer war, der das Mark erlangte.»

Der Meister erwiderte: «Der hat nur die Haut. Hier an diesem Ort verbiete ich, vom Mark auch nur zu sprechen.»

«Was aber ist dann das Mark?»

«Wenn du so fragst, hast du nicht einmal die Haut erkundet.»

«Wie erhaben Ihr seid», sagte der Mönch. «Ist das nicht Eure Stellung im Absoluten?»

«Weißt du, daß da einer ist, der dich nicht anerkennen wird?»

«Wenn Ihr das sagt, so muß da einer sein, der eine andere Stellung einnimmt.»

«Wer ist solch ein anderer?» fragte der Meister.

«Wer ist nicht solch ein anderer?» erwiderte der Mönch.

«Ich werde dich reden lassen, was du willst.»

Die Darlegungen der Meister sind durchweg von dieser Art, kurz und für Außenstehende unverständlich wenn nicht unsinnig. In Wahrheit aber sind alle diese Aussagen der klarste und geradlinigste Ausdruck der Wahrheit. Wenn vom gewohnten logischen Denken kein Gebrauch gemacht wird und man den Meister bittet, sein innerstes Begreifen darzulegen, so kann er sich nur auf eine Weise äußern, die dem Uneingeweihten höchst rätselhaft erscheinen muß.

Die folgenden Zitate sind von Meister Yün-men.

Yün-men bestieg den Zen-Sitz und sagte: «Ihr Mönche, verwirrt euch nicht mit Gedanken! Himmel ist Himmel, Erde ist Erde, Wasser ist Wasser, Mönche sind Mönche, Laien sind Laien.» Er schwieg eine Weile und fuhr fort: «Weist mir diesen Hügel von Ansan vor, und laßt mich sehen!»

Ein andermal sagte er: «Der Bodhisattva Vasudeva wurde ohne einen Grund zu einem Stab.» Mit seinem eigenen Stab zog er einen Strich auf dem Boden und fuhr fort: «All die Buddhas, zahllos wie Sand, sind hier und reden allerlei Unsinn.» Darauf verließ er die Halle.

Einmal, als er wie üblich zur Darlegung in die Halle kam, trat ein Mönch vor, verbeugte sich und sagte: «Ich bitte Euch zu antworten.»

Yün-men rief laut: «Ihr Mönche!»

Alle Mönche wandten sich dem Meister zu, der daraufhin den Sitz verließ.

Als er einmal schweigend eine Weile auf dem Zen-Sitz gesessen hatte, trat ein Mönch vor und verbeugte sich.

Der Meister sagte: «Weshalb so spät?»

Der Mönch antwortete etwas, worauf der Meister sagte: «Einfältiger Taugenichts!»

Mitunter scheint Yün-men geradezu abschätzig über den Stifter seines Glaubens zu sprechen: «Ishvara, der große Herr des Himmels, und der alte Shākyamuni sind mitten auf dem Hof und sprechen über den Buddhismus. Sind sie nicht recht laut?»

Ein andermal sagte er: «All mein vieles Reden, was soll das eigentlich? Und heute, im Grunde wider besseres Wissen, bin ich abermals hier, um zu euch zu sprechen. In diesem weiten Universum, ist da irgend etwas, das euch im Wege steht oder euch fesselt? Wenn da jemals ein Ding von Nadelspitzengröße ist, das euer Fortschreiten hemmt, so weist es mir vor! Was ist das, was ihr Buddha oder Patriarch nennt? Was ist das, was man als Berge, Flüsse, die Erde, Sonne, Mond und Sterne kennt? Was ist das, was ihr die Vier Elemente und die Fünf

Ansammlungen nennt? So rede ich, doch es ist nicht mehr als das Geschwätz einer alten Frau aus einem abgelegenen Dorf. Sollte mir plötzlich ein Mönch begegnen, der in dieser Sache gründlich geschult ist, so wird er mich – wenn er erfährt, was ich hier zu euch spreche – packen und die Treppe hinunterwerfen. Und hätte er nicht ganz recht damit? Aber wie dem auch sei, warum ist das so? Laßt euch nicht von meinen Worten irreführen und zu unsinnigen Bemerkungen hinreißen. Solange ihr nicht der seid, der die ganze Sache wirklich durchgestanden hat, werdet ihr nie zu Rande kommen. Wenn ihr von einem alten Mann wie mir überrascht werdet, kommt ihr sofort vom Weg ab und brecht euch die Beine. Und ist mir dafür ein Vorwurf zu machen? Dies vorausgesetzt, ist da einer unter euch, der das eine oder andere über die Lehre unserer Schule wissen möchte? Er trete vor, damit ich ihm antworte. Er wird vielleicht eine Wendung erfahren und frei sein, in die Welt hinauszugehen, Ost oder West.»

Ein Mönch trat vor und wollte eben eine Frage stellen, als der Meister ihm mit dem Stab auf den Mund schlug und vom Sitz herunterkam.

Einmal, als Yün-men zur Dharma-Halle kam, hörte er die Glocke und sagte: «Die Welt ist also groß und weit. Wie kommt es, daß wir beim Klang der Glocke unser siebenfaches Gewand anlegen?»

Ein andermal sagte er einfach: «Versucht nicht, Eis zu Schnee zu fügen. Gebt gut auf euch acht.» Damit grüßte er und ging.

Und wiederum sagte er: «Seht, die Buddha-Halle geht in die Mönchshalle über.» Später bemerkte er: «Sie schlagen die Trommel in Lo-fu, und ein Tanz findet statt in Shao-chou.»

Yün-men nahm Platz vor den versammelten Mönchen, schwieg eine Weile und sagte dann: «Es regnet so lange, und nicht einen Tag schien die Sonne.»

Einmal rief er: «Seht, kein Leben mehr übrig!» und tat so, als fiele er. Dann fragte er: «Versteht ihr? Wenn nicht, so bittet diesen Stab, euch zu erleuchten.»

Meister Yang-ch'i, als er sich auf dem Zen-Sitz niedergelassen hatte, stieß ein großes Lachen aus: «Ha, ha, ha!» Dann sagte er: «Was ist das? Geht zurück in die Mönchshalle, und trinkt eine Schale Tee.»

Einmal bestieg er den Sitz, und die Mönche waren alle versammelt. Der Meister, bevor er auch nur ein Wort gesagt hatte, warf seinen Stab fort und sprang von seinem Sitz. Die Mönche wandten sich schon zum Gehen, als er rief: «Ihr Mönche!»

Sie wandten sich um, und der Meister sagte: «Nehmt meinen Stab in euch auf, ihr Mönche!»

Mit diesen Worten verließ er den Raum.

Yüeh-shan (Yakusan) hatte lange den Hohen Sitz nicht bestiegen.

Der Leiter der Mönche sagte: «Seit langem hoffen die Mönche auf Unterweisung; möge der Meister doch bitte für die Mönche eine Darlegung geben.»

Yüeh-shan ließ die große Glocke anschlagen, und alle Mönche versammelten sich sogleich. Yüeh-shan bestieg den Hohen Sitz, saß dort eine Weile, trat dann herunter und kehrte in sein Quartier zurück.

Der Leiter der Mönche folgte ihm und sagte: «Gerade zuvor hat der Meister zugestimmt, eine Darlegung für die Mönche zu geben. Wie kommt es dann, daß er nicht ein Wort geäußert hat?»

Yüeh-shan sagte: «Für die Sūtras gibt es Sūtra-Lehrer, für die Shāstras gibt es Shāstra-Lehrer. Wie kannst du an diesem alten Mönch (mir) zweifeln?»*

Fa-yen (Goso) betrat eines Tages die Halle und nahm Platz auf dem Hohen Sitz. Er schaute zuerst über die eine Schulter und dann über die andere. Schließlich hielt er den Stab hoch und sagte: «Nur einen Fuß lang.» Ohne ein weiteres Wort stieg er vom Sitz herunter.

* *Ts'ung-jung-lu*, 7. Beispiel.

Diese Auswahl mag genügen, um den Leser mit der Art von Darlegungen vertraut zu machen, wie sie in den Klöstern gegeben wurden. Sie sind im allgemeinen kurz, denn die Meister verschwenden nicht viel Zeit damit, Zen zu erklären – und das nicht nur, weil Zen den diskursiven Verstand übersteigt, sondern weil Erklärungen für die spirituelle Entwicklung der Mönche ohne jeden praktischen Nutzen sind. Die Bemerkungen der Meister haben daher zwangsläufig etwas Lakonisches, und manchmal machen sie nicht einmal Anstalten zu eigenen Aussagen, sondern heben einfach den Stab, beschränken sich auf einen Ausruf oder zitieren einen Vers. Manche haben offenbar ihre ganz eigene Lieblingsmethode, die Wahrheit des Zen zu demonstrieren, etwa Lin-chi mit seinem «Ho!», Te-shan mit seinem Stab, Chü-chih mit seinem «Ein-Finger-Zen», Pi-mo mit seinem gegabelten Stock und Ho-shan mit seinem Trommeln. Wie wunderbar, daß sich so viele ungewöhnliche, einfallsreiche und originelle Methoden gebildet haben, alle um derselben Wahrheit willen, die sich mit ihren zahllosen Aspekten in der Welt manifestiert und die jeder nach seinem eigenen Vermögen begreifen kann.

Alles in allem ist Zen ganz entschieden eine Sache der persönlichen Erfahrung. Wenn die Bezeichnung «radikal empirisch» auf irgend etwas zutrifft, dann auf Zen. Kein Mensch wird durch Lesen, Belehrung und Kontemplation zum Zen-Meister. Das Leben muß im Fluß erfaßt werden. Wer es anhält, um es zu untersuchen, tötet es. An einem Ort der Zen-Schulung ist alles auf diese Wahrheit ausgerichtet. Die einzigartige Stellung des Zen unter den Schulen des Mahāyāna-Buddhismus ist zweifellos auf die Einrichtung zurückzuführen, die wir Zendō nennen.

Stadien des Zen-Weges: Die Zehn Ochsenbilder

Buddhaschaft zu erlangen oder Erleuchtung zu finden, das ist das Ziel aller echten Buddhisten, wenn es auch nicht unbedingt in diesem einen Erdenleben zu verwirklichen ist. Auch Zen, als eine der Schulen des Mahāyāna-Buddhismus, lehrt, daß wir all unser Bemühen auf dieses Ziel ausrichten müssen. Die meisten anderen Schulen unterscheiden viele Stufen der spirituellen Entwicklung, die eine nach der anderen zu erklimmen sind, bevor die buddhistische Disziplin sich schließlich in einer Erleuchtungserfahrung erfüllen kann. Zen verwirft all diese Vorstellungen von einem Stufenpfad und behauptet, durch Schau des eigenen Wahren Wesens werde man augenblicklich ein Buddha, und es sei durchaus nicht notwendig, durch endlose Zyklen der Wiedergeburt all die Stufen der Vollkommenheit zu ersteigen. Dies ist wohl die kennzeichnende Anschauung des Zen seit der Ankunft Bodhidharmas in China. «Buddha-Werdung durch unmittelbares Deuten auf des Menschen Herz und Schau des eigenen Wesens» wurde zur Losung dieser Schule. Das Erlangen der Erleuchtung kennt keine Abstufungen, sondern ist ein Augenblicks-Phänomen, und die Schau des eigenen Wesens wird nicht durch Gelehrsamkeit und Spekulation oder die Gnade eines Höchsten Wesens vermittelt, sondern ist die Frucht strenger spiritueller Schulung unter einem Zen-Meister.

Mit dem Begriff «Schulung» ist nun natürlich doch ein Zeitelement, sind Schritte und Stufen verbunden, wenn auch die Erleuchtung selbst sich augenblicklich ereignet. Solange unser relatives Bewußtsein nur ein Ding nach dem anderen mehr oder weniger tief erfassen kann und nicht alles zugleich in seiner ganzen Tiefe, so lange muß es irgendein Fortschreiten geben. Auch in der Zen-Schulung gibt es solche Entwicklungsstufen, und es läßt sich an den Menschen gewiß unterscheiden, daß sie mehr oder weniger tief in die Wahrheit des Zen eingedrungen sind. Wenn die Wahrheit selbst auch alle Grenzen transzendiert, sind bei ihrer Verwirklichung im menschlichen Geist doch psychologische Gegebenheiten zu berücksichtigen. Die Schau des eigenen Wesens weist Grade der Klarheit auf. Im Grunde sind wir alle Buddha, so «unwissend und sündig» wir auch sein mögen; wo es aber um das praktische Leben geht, darf dieser reine Idealismus keinem gezielten und nachvollziehbaren Vorgehen im Wege stehen. Neben der radikalen Grundauffassung von der Plötzlichkeit der Erleuchtung ist dies der sogenannte konstruktive Aspekt des Zen. Und hier werden Grade der spirituellen Entwicklung durchaus anerkannt, mag auch die Schau des eigenen Wesens dann Sache eines einzigen Augenblicks sein.

Satori ist nicht wie ein Sonnenaufgang, der die Dinge allmählich sichtbar werden läßt, sondern wie das Gefrieren von Wasser, das nach einem langen Abkühlungsprozeß urplötzlich eintritt. Und wie man vom Wasser während dieses Abkühlungsprozesses nicht sagen kann, es sei schon «ein wenig gefroren», gibt es auch für den Geist keine Zwischenzustände, in denen die Schau des eigenen Wesens schon «ein wenig verwirklicht» ist. Wie wir an zahlreichen Beispielen bereits gesehen haben, geschieht der Übergang von Verblendung zu Erleuchtung so jäh, als verwandele irgendein Straßenköter sich von einem Augenblick auf den anderen in einen goldhaarigen Löwen. Daß Zen die plötzliche Schule *par excellence* ist, gilt jedoch nur, wenn wir seine Wahrheit unabhängig vom menschlichen Geist betrachten, in dem sie sich offenbart. Insofern die Wahrheit aber gar nicht unabhängig von dem Licht, das sie dem Geist gibt, gedacht werden kann, dürfen wir von ihrer allmählichen, schrittweisen Verwirklichung in uns sprechen. Die psychologischen Gesetze gelten hier wie anderswo. Deshalb soll Bodhidharma, als er sich anschickte, China zu verlassen, gesagt haben, Dōfuku habe seine Haut, die Nonne Sōji sein Fleisch, Dōiku die Knochen, aber Eka (Hui-k'o) das Mark.

Nan-yüeh (Nangaku), ein Dharma-Nachfolger des Sechsten Patriarchen, hatte sechs hervorragende Schüler, die sich jedoch nach der Tiefe ihrer Verwirklichung unterschieden. Er verglich sie mit verschiedenen Körperteilen und sagte:

> Ihr alle habt Zeugnis abgelegt für meinen Körper, doch ein jeder hat einen seiner Teile erfaßt. Der erste, der meine Augenbrauen hat, ist der Meister der Umgangsformen; der zweite, der meine Augen hat, weiß sich umzusehen; der dritte, der meine Ohren hat, versteht es, auf die Vernunft zu hören; der vierte, der meine Nase hat, kennt sich mit dem Atmen aus; der fünfte, der meine Zunge hat, versteht meisterlich zu disputieren; der aber, der meinen Geist hat, erkennt Vergangenheit und Gegenwart.

Diese Abstufung wäre unmöglich, betrachtete man nur die Schau des eigenen Wesens, denn diese Schau ist unteilbar, erlaubt keine Stufen und Übergänge. Wir befinden uns jedoch, wie schon mehrfach betont wurde, nicht im Widerspruch zu diesem Prinzip, wenn wir sagen, daß es praktisch gesehen doch eine schrittweise Annäherung an diese Schau gibt, ein immer tieferes Eindringen in die Wahrheit des Zen, die schließlich in der vollkommenen Identifizierung mit dieser Wahrheit gipfelt.

Auch der taoistische Philosoph Lieh-tzu beschreibt deutlich unterscheidbare Stufen der spirituellen Entwicklung:

> Liä Dsi [Lieh-tzu] hatte zum Lehrer den alten Schang [Lao-shang-shih] und zum Freunde den Be Gao [Pai-kao-tzu]. Als er den SINN [Tao] der beiden Meister innehatte, fuhr er auf dem Winde nach Hause. Der Scholar Yin hörte da-

von und folgte dem Liä Dsi nach. Er blieb mehrere Monate bei ihm wohnen, ohne nach seinem Hause zu sehen; denn er hatte nichts zu tun. Er bat ihn, ihm zu eröffnen, wie man das (auf dem Winde fliegen) mache. Zehnmal kam er zu ihm, und zehnmal sagte er ihm nichts. Da ward der Scholar Yin böse und erbat seinen Abschied. Liä Dsi sagte wieder nichts. Der Scholar Yin zog sich ein paar Monate zurück. Da er aber den Gedanken nicht loswerden konnte, wandte er sich wieder an ihn. Liä Dsi sprach: «Was kommst du schon wieder?» Der Scholar Yin sprach: «Damals habe ich den Meister gefragt, und der Meister hat mir nichts gesagt, darum war ich böse auf den Meister. Das bin ich nun aber wieder los, und darum komme ich wieder.» Liä Dsi sprach: «Damals dachte ich, du seiest hinter die Sache gekommen, und nun war es nur eine kleinliche Laune von dir! Setz dich, ich will dir sagen, was ich bei meinem Meister gelernt habe. Nachdem ich mich an meinen Meister gewandt und Freundschaft geschlossen mit jenem anderen, vergingen drei Jahre. Ich wagte in meinem Herzen nicht, über Recht und Unrecht nachzudenken noch mit meinem Munde über Vorteil und Nachteil zu reden. Da erst bekam ich von meinem Meister einen einzigen Blick. Nach fünf Jahren dachte ich in meinem Herzen wieder an Recht und Unrecht und redete mit meinem Munde wieder über Vorteil und Nachteil. Da erst heiterte sich die Miene des Meisters auf, und er lächelte. Nach sieben Jahren machte ich mir im Herzen wieder keine Gedanken mehr über Recht und Unrecht und redete mit meinem Munde kein Wort mehr über Vorteil und Nachteil. Da erst ließ mich mein Meister auf derselben Matte mit ihm sitzen. Nach neun Jahren, da machte ich einen Strich durch die Gedanken meines Herzens und die Worte meines Mundes. Ich wußte nicht mehr, ob es sich um *mein* Recht und Unrecht, um *meinen* Vorteil und Nachteil handle oder um die von anderen. Noch wußte ich mehr, daß der Meister mein Lehrer war oder jener andere mein Freund. Der Unterschied von Ich und Nicht-Ich war zu Ende. Danach hörten auch die Unterschiede der fünf Sinne auf, alle wurden sie einander gleich. Da verdichteten sich die Gedanken, der Leib ward frei, Fleisch und Bein lösten sich auf, ich hatte keine Empfindung mehr davon, worauf der Leib sich stützte, wohin der Fuß trat: ich folgte dem Wind nach Osten und Westen wie ein Baumblatt oder trockene Spreu, und wirklich weiß ich nicht, ob der Wind mich trieb oder ich den Wind.

Nun sieh: Du weilst im Hause des Lehrers, und ehe noch ein Jahr herum ist, wirst du zwei-, dreimal unwillig. Kein Teil deines Leibes kann die Luft aufnehmen, keines deiner Glieder kann die Erde tragen. Kannst du da hoffen, ins Leere treten zu können und auf dem Winde zu reiten?»

Der Scholar Yin schämte sich sehr, also daß er ganz stille ward und eine lange Zeit nicht mehr zu reden wagte.*

Auch in der christlichen und islamischen Mystik sind solche Stufen spiritueller Entwicklung bekannt. Im Sufismus werden sie als «sieben Täler» beschrieben: Das Tal des Suchens, das Tal der Liebe, das Tal der Erkenntnis, das Tal der Unbedürftigkeit, das Tal des Tauhīd (Erklärung, daß Gott Einer ist), das Tal der Verwirrung und schließlich das Tal der Armut. Fariduddin 'Attar beschreibt diesen Pfad in seiner berühmten «Konferenz der Vögel» als die weite und mühsame Reise der Vögel auf der Suche nach dem König der Vögel, dem Sīmurgh. Am Ende entdecken sie, daß sie selbst der Sīmurgh sind, denn dieses persische Wort läßt sich auch *sī murgh* lesen und heißt dann «dreißig Vögel». Ein Wortspiel, das die schon immer bestehende Identität der Einzelseele mit dem göttlichen Wesen zum Ausdruck bringt.**

Teresa von Avila nennt vier Stufen des mystischen Lebens:

* In der Übersetzung von Richard Wilhelm: *Liä Dsi. Das Wahre Buch vom quellenden Urgrund*, Düsseldorf, Köln (Diederichs) 1980, S. 49–51.

** Vgl. Annemarie Schimmel: *Mystische Dimensionen des Islam*, Köln (Diederichs) 1985, S. 181, 434. (Anm. d. Übers.)

Meditation, Stille, eine Zwischenstufe und das Gebet der Einheit; bei Hugo von St. Victor sind diese Stufen: Meditation, Selbstgespräch, Betrachtung und Verzückung. Auch bei anderen christlichen Mystikern finden wir drei oder vier Stufen der «verzehrenden Liebe» oder der «Kontemplation».

R. A. Nicholson gibt in seinen *Studies in Islamic Mysticism* eine Übersetzung von Ibn al-Fārids «Ordnung (oder Gedicht) des Fortschreitens» (*Nazm as-sulūk*, bekannter als *Tā'iyya*); hier finden wir zum Teil erstaunliche Übereinstimmungen mit der buddhistischen Mystik. Wann immer wir auf solche Texte stoßen, können wir nur staunen angesichts der universalen Übereinstimmung des Denkens und Fühlens in der Tiefe der menschlichen Seele. Die Verse 326 und 327 der *Tā'iyya* lauten:

> Vom «Ich bin Sie» stieg ich auf dorthin, wo kein «Dorthin» ist, und ich erfüllte die [phänomenale] Existenz durch meine Rückkehr mit Wohlgeruch.
> Und [ich kehrte zurück] vom «Ich bin Ich» um eines esoterischen Wissens und äußerer Gesetze willen, die gegeben wurden, auf daß ich [die Menschen zu Gott] riefe.

Diese Passage ist so nicht ohne weiteres zu verstehen, doch lesen wir den Kommentar des Übersetzers, der einiges Licht auf die Natur des persischen Denkens wirft:

> Drei Stufen des Einsseins (*ittihād*) werden hier unterschieden: 1. «Ich bin Sie», das heißt Vereinigung (*jam'*) ohne wirkliche Trennung (*tafriqua*), wenn auch der Anschein der Trennung bestehenbleibt. Dies ist der Zustand, in dem al-Hallāj sagte: «*Ana 'l-Haqq*», «Ich bin Gott». 2. «Ich bin Ich», das heißt reine Einheit ohne jede Spur von Trennung (Individualität). Dieses Stadium nennt man «Rausch der Vereinigung» (*sukru 'l-jam'*). 3. Die «Nüchternheit der Vereinigung» (*sahwu 'l-jam'*), das heißt das Stadium, in dem der Mystiker aus der reinen Einheit der zweiten Stufe

zurückkehrt zur Vielheit in der Einheit, zur Getrenntheit in der Vereinigung, zum Gesetz in der Wahrheit. Weiterhin mit Gott vereinigt, dient er Ihm wie ein Sklave seinem Herrn und demonstriert der Menschheit das Göttliche Leben in Vollkommenheit.

«Wo es kein ‹Dorthin› gibt», das ist das Stadium von «Ich bin Ich», über das hinaus es kein Fortschreiten gibt außer durch Zurückschreiten. Auf dieser Stufe ist der Mystiker gänzlich versunken in die unterschiedslose Einheit Gottes. Erst wenn er «zurückgekehrt», also in das dritte Stadium (Vielheit in der Einheit) eingetreten ist, kann er seinen Mitmenschen den «Wohlgeruch» der Erfahrung vermitteln, durch die er gegangen ist. «Ein esoterisches Wissen» bezeichnet die Göttliche Vorsehung, manifestiert durch das religiöse Gesetz. Durch die Rückkehr wird der Mystiker fähig, das Gesetz zu erfüllen und als spiritueller Führer zu wirken.

Wenn wir dies mit dem Weg des Zen-Mystikers vergleichen, wie er auf den folgenden Seiten bildlich und in poetischen Kommentaren dargestellt wird, so scheint es direkt für den Zen-Buddhismus geschrieben worden zu sein.

Zur Zeit der Sung-Dynastie versinnbildlichte ein Zen-Lehrer namens Seikyo die Stufen der spirituellen Entwicklung anhand eines Ochsen, der von Stufe zu Stufe weißer wurde, bis er endlich ganz verschwand. Diese Bilder, sechs an der Zahl, sind verlorengegangen. Es gab noch ein anderes System mit acht Bildern, deren letztes einen Kreis zeigte, Symbol der Austilgung aller dualistischen Vorstellungen.

Die zehn Bildmotive und die zugehörigen Kommentare, wie wir sie heute kennen, werden Kuo-an Shih-yüan (Kakuan Shien), einem chinesischen Zen-Meister des 12. Jahrhunderts, zugeschrieben. Worin seine Erweiterung der ursprünglichen Bildfolge besteht, werden die folgenden Übersetzungen seiner Texte deutlich machen. Es gab außer ihm noch einige andere Meister, die mit den Reimen des ersten Kommentators eigene Verse zum selben Gegenstand schrieben.

Das Rind wurde von den Indern schon in der Frühzeit ihrer Geschichte verehrt. Anspielungen darauf findet man in den buddhistischen Schriften in den verschiedensten Zusammenhängen. In einem Hīnayāna-Sūtra mit dem Titel «Über das Viehhüten» werden elf Arten des rechten Umgangs mit den Rindern beschrieben. Auch ein Mönch muß elf Dinge beachten, um ein guter Buddhist zu werden, und wenn er darin versagt, so geht es ihm wie einem pflichtvergessenen Viehhirten, er wird als ungeeignet abgelehnt. Die elf Arten des rechten Viehhütens sind: 1. Die Farben kennen, 2. die Zeichnungen kennen, 3. Striegeln, 4. Wunden versorgen, 5. Räuchern, 6. den rechten Weg gehen, 7. liebevoll für die Tiere empfinden, 8. sie an seichten Stellen über die Wasserläufe treiben, 9. auf die Weide treiben, 10. Melken, 11. Auslese.

Im *Saddharmapundarīka-Sūtra*, Kapitel III, erzählt der Buddha die Parabel von den drei Karren – Ochsenkarren, Ziegenkarren und Hirschkarren –, die ein Mann seinen Kindern verspricht, wenn sie aus dem brennenden Haus kommen. Der größte und prächtigste ist der Ochsenkarren, das Fahrzeug der Bodhisattvas, in dem sie direkt zur vollkommenen Erleuchtung gelangen. Er wird im Sūtra mit den folgenden Worten beschrieben:

> Aus sieben kostbaren Substanzen gemacht, mit Sitzbänken ausgestattet und mit einer Vielzahl kleiner Schellen behängt, hoch, mit kostbaren und wunderbaren Edelsteinen geschmückt, mit Edelsteinkränzen und Blumengirlanden behängt, mit Baumwolldecken und wollenen Überwürfen ausgelegt, mit Tuch und Seide bedeckt, zu beiden Seiten rosenrote Kissen, unterm Joch weiße Ochsen von großer Schönheit und Schnelligkeit, geführt von einer Vielzahl von Männern.

So kam es dazu, daß auch in der Zen-Literatur häufig vom «weißen Ochsen auf dem offenen Dorfplatz» oder vom Ochsen im allgemeinen die Rede ist. Zum Beispiel wurde Pai-chang einmal gefragt: «Ich möchte über den Buddha unterrichtet werden; was ist er?»

Pai-chang antwortete: «Es ist, als suchtest du den Ochsen, während du selbst auf ihm sitzt.»

«Was soll ich tun, wenn ich weiß?»

«Es ist, wie auf ihm heimzureiten.»

«Wie kümmere ich mich allezeit um ihn, um [mit dem Dharma] in Übereinstimmung zu sein?»

«Du solltest dich verhalten wie ein Viehhirte, der seinen Stab trägt und dafür sorgt, daß sein Vieh nicht in jemandes Reisfeld einbricht.»

Als abschließende Darstellung der Entwicklungsstadien auf dem Weg des Zen folgen nun die Zehn Ochsenbilder mit den Kommentaren von Meister Kuo-an (Seite 188–207).

1. Die Suche nach dem Ochsen

Der Ochse ist in Wirklichkeit nie verlorengegangen; warum also ihn suchen? Da der Mensch sich aber von seinem Wahren Wesen abgewandt hat, ist der Ochse ihm fremd geworden; er hat ihn im Staub aus den Augen verloren. Weit ist der Mensch von seiner Heimat abgeirrt und sieht sich nun einem Wirrsal von Wegen gegenüber. Gier nach Gewinn und Furcht vor Verlust schießen wie sengende Flammen empor; Vorstellungen von Recht und Unrecht stehen gleich Dolchen auf.

Trostlos in endloser Weite
bahnt er sich auf und ab den Weg
in wucherndem Gras
und sucht seinen Ochsen.
Weites Wasser, ferne Berge,
und der Weg zieht sich endlos dahin.
Völlig erschöpft ist der Körper,
verzweifelt ermattet das Herz;
wo nur soll er suchen?
Im Abendnebel hört er einzig
Zikaden im Ahorn zirpen.

一 尋牛

2. Erblicken der Spuren

Durch Sūtras und Lehren findet er die Spur des Ochsen. Er hat genau verstanden, daß verschieden geformte (goldene) Gefäße doch alle von gleichem Gold sind und daß gleichermaßen alles und jedes eine Offenbarung des Selbst ist. Doch kann er noch nicht Gut und Böse unterscheiden, nicht Wahrheit von Trug. Noch ist er nicht wirklich durch das Tor eingetreten. Deshalb nennt man dieses Stadium «Erblicken der Spuren».

Im Wald und am Gestade des Wassers
finden sich unzählige Fußspuren;
sieht er wohl das zerteilte Gras?
Selbst die tiefsten Schluchten der höchsten Berge
können des Ochsen Nase nicht verbergen,
reicht sie doch bis in den Himmel.

二

見跡

3. Erblicken des Ochsen

Wenn er nur gespannt auf die alltäglichen Laute horcht, wird er zur Erkenntnis gelangen und in eben dem Augenblick den wahren Ursprung erblicken. Die sechs Sinne unterscheiden sich nicht von diesem wahren Ursprung. In jedem Wirken ist der Ursprung unverhüllt gegenwärtig. Er entspricht dem Salz im Wasser, dem Leim in der Farbe des Malers. Wenn der Hirte die Augen weit aufschlägt, wird er inne, daß das Gesehene vom Ursprung nicht verschieden ist.

Eine Nachtigall schlägt auf einem Zweig,
warm scheint die Sonne, sanft weht der Wind,
die Weiden grünen.
Dort steht der Ochse, wo könnt' er sich verbergen?
Das herrliche Haupt, die stattlichen Hörner,
kein Maler kann solches je malen.

三
見牛

4. Einfangen des Ochsen

Heute hat er den Ochsen getroffen, der lange in der Wildnis umhergestreift war. Doch der Ochse schwelgte so lange in dieser Wildnis, daß es nicht leicht ist, ihn von seinen alten Gewohnheiten loszureißen. Er sehnt sich noch nach dem süß duftenden Gras, noch ist er eigensinnig und wild. Will der Hirte ihn zähmen, so muß er zur Peitsche greifen.

Fest muß der Hirt das Leitseil packen,
darf es nicht loslassen,
denn noch hat der Ochse schlimme Neigungen und wilde Kraft.
Bald rennt er ins Hochland hinauf,
bald läuft er tief in Stätten voller Dunst und Nebel
und verweilt dort.

四
得牛

5. Zähmen des Ochsen

Erhebt sich ein Gedanke, so folgen weitere und weitere. Gedanken werden durch Erleuchtung wirklich; infolge der Verblendung werden sie unwirklich. Die Dinge erhalten ihr Dasein nicht durch die Umwelt, sondern sie erheben sich einzig im eigenen Geiste. Fest muß der Ochshirt das Leitseil packen und darf keinen Zweifel eindringen lassen.

Der Hirte darf Peitsche und Leitseil
keinen Augenblick aus der Hand lassen,
sonst läuft der Ochse davon in den Staub.
Recht gezähmt jedoch, wird er sauber und sanft,
gelöst vom Seil, folgt er willig dem Hirten.

五

牧牛

6. Heimritt auf dem Ochsen

Der Kampf ist vorüber: «Gewinn» und «Verlust» haben sich in Leere aufgelöst. Der Hirt singt die ländliche Weise der Holzfäller und spielt auf der Flöte die einfachen Lieder der Dorfkinder. Er sitzt bequem auf dem Rücken des Ochsen und blickt heiter zu den Wolken droben auf. Ruft man ihn an, so sieht er sich nicht um; will man ihn festhalten, so bleibt er doch nicht hier.

Er reitet auf dem Ochsen heim
in heiterer Gelassenheit.
Den fernhinziehenden Abendnebel
begleitet weithin der Klang seiner Flöte.
Ein Klatschen, der Takt eines Liedes
ist von unumschränktem Sinn.
Wer diesen Sinn kennt,
braucht der denn noch Worte?

六
騎牛歸家

7. Der Ochse ist vergessen, der Mensch bleibt

Im Dharma gibt es keine Zweiheit. Der Ochse ist unser urinnerstes Wesen – das hat er nun erkannt. Eine Falle ist nicht mehr erforderlich, wenn der Hase gefangen ist, ein Netz nicht mehr vonnöten, wenn der Fisch geködert wurde. Es ist, als wäre Gold von der Schlacke befreit worden; als wäre der Mond zwischen den Wolken zum Vorschein gekommen. Ein Strahl von klarstem Glanz scheint immerdar von Urbeginn an.

Heimkehren konnte er nur auf dem Ochsen,
nun gibt es den Ochsen nicht mehr.
Allein sitzt der Hirte, heiter und ruhig.
Die rote Sonne steht schon hoch am Himmel,
doch er träumt friedlich weiter.
Unter dem Strohdach liegen nun
Peitsche und Leitseil nutzlos herum.

七 忘牛存人

8. Ochse und Mensch sind vergessen

Aller Verblendung ist er ledig, und auch alle Vorstellungen von Heiligkeit sind verschwunden. Nicht länger mehr braucht er «In-Buddha» zu verweilen, und schnell geht er durch «Nicht-Buddha» hindurch weiter. Auch die tausend Augen können an ihm, der an keinem von beiden mehr haftet, nichts bemerken*. Wollten Hunderte von Vögeln ihm nun Blumen streuen, er würde sich seiner selbst schämen.

Peitsche und Leitseil, Ochs und Hirte
gehören gleichermaßen der Leere an.
Der blaue Himmel ist so allumfassend weit,
daß alles Mitteilen in ihm beinah endet.
Über loderndem Feuer kann keine Schneeflocke bestehen.
Ist diese Geistesverfassung erreicht,
begegnet er endlich
dem Geist der Patriarchen alter Zeit.

* Dies ist die Armut, von der bereits ausführlich die Rede war. Halten wir dagegen, was Meister Eckhart zu diesem Thema sagte: «Soll der Mensch wahrhaft Armut haben, so muß er seines geschaffenen Willens so ledig sein, wie er's war, als er (noch) nicht war. Denn ich sage euch bei der ewigen Wahrheit: Solange ihr den *Willen* habt, den Willen Gottes zu erfüllen, und Verlangen habt nach der Ewigkeit und nach Gott, solang seid ihr nicht richtig arm. Denn nur das ist ein armer Mensch, der *nichts* will und *nichts* begehrt.» *Deutsche Predigten und Traktate,* S. 304.

八

人牛俱忘

9. Zum Ursprung zurückgekehrt

Von Urbeginn an gibt es keinerlei Staub (der die ursprüngliche Reinheit befleckte). Der Hirte beobachtet das Werden und Vergehen des Lebens in der Welt und weilt in gelassener Ruhe. All das (Werden und Vergehen) ist kein Wahn. Warum sollte es notwendig sein, um irgend etwas zu ringen. Grün sind die Gewässer, blau die Berge. In sich ruhend, betrachtet er den Wandel der Dinge.

Er ist zum Ursprung zurückgekehrt,
doch waren seine Schritte umsonst.
Besser ist es für ihn, wie blind und taub zu sein.
In seiner Hütte sitzt er,
sieht von all dem da draußen nichts.
Die Ströme fließen, wie sie fließen,
und rote Blumen blühen von selber rot.

九

返本還源

10. Betreten des Marktes mit offenen Händen

Die Tür seiner Hütte ist verschlossen, und selbst der Weiseste kann ihn nicht ausfindig machen. Die Gefilde seines Innern sind tief verborgen. Er geht seinen Weg und folgt nicht den Schritten früherer Weiser. Er kommt mit der Kürbisflasche auf den Markt und kehrt mit seinem Stab in die Hütte zurück. Schankwirte und Fischhändler führt er auf den Weg, ein Buddha zu werden.

Mit entblößter Brust kommt er barfuß zum Markte.
Schmutzbedeckt und mit Asche beschmiert,
lacht er doch breit übers ganze Gesicht.
Ohne Zuflucht zu mystischen Kräften
bringt er verdorrte Bäume schnell zum Blühen.

十

入鄽垂手

昭和辛卯夏
富吉郎
画並刻摺

Daisetz T. Suzuki
Seine Hauptwerke in Einzelausgaben

Die Titel dieser Edition sind:

LEBEN AUS ZEN
Eine Einführung in den Zen-Buddhismus

SATORI – DER ZEN-WEG ZUR BEFREIUNG
Die Erleuchtungserfahrung im Buddhismus und im Zen

ZAZEN – DIE ÜBUNG DES ZEN
Grundlagen und Methoden der Meditationspraxis im Zen

KOAN – DER SPRUNG INS GRENZENLOSE
Das Koan als Mittel der meditativen Schulung im Zen

KARUNA – ZEN UND DER WEG DER TÄTIGEN LIEBE
Der Bodhisattva-Pfad im Buddhismus und im Zen

PRAJNA – ZEN UND DIE HÖCHSTE WEISHEIT
Die Verwirklichung der «transzendenten Weisheit» im Buddhismus und im Zen

SHUNYATA – DIE FÜLLE IN DER LEERE
Essays über den Geist des Zen in Kunst, Kultur und Religion des Fernen Ostens

MUSHIN – DIE ZEN-LEHRE VOM NICHT-BEWUSSTSEIN
Das Wesen des Zen nach den Worten des Sechsten Patriarchen